최현배 지은

중등조선말본

동광당서점 펴냄

(版正改) 포함

연희전문 학교교수
최현배 지음

중등 조선말본

(再版)

동광당서점 펌

일러두기

一、이 책은 中等學校의 朝鮮語科 敎授의 補用이 되며、또 一般으로 朝鮮語 研究에 뜻하는 이에게 그 基礎的 知識을 대어주는 동무가 되게 하기 爲하여 지은 것이다。

二、이 책이 그 술인즉 비록 적으나、조선말본의 大綱을 學得하기에 重要한 것을 갖후고저 하였다。그러고 그 자세한 理論의 具體的 陳述은 뒷날에 完成되어 나올 저의 「우리말본」으로 밀운다。

三、이 책의 說明의 方法과 體系가 앞사람들의 그것과는 서로 다름이 많으니、한 말로 하자면 앞사람들의 것은 分析的이었음에 對하여 이 책은 綜合的이다。

四、이 책에서는 그 말본의 術語(갈말)를 대개 새로지어 썼나니、이는 조

선말의 본(법)을 풀이함에는 조선말로 된 術語(갈말)가 그 表現上 가장 適切하다고 생각한 때문이다。 그러나 漢字借用의 버릇에 아주 젖은 머리에 혹이나 도움이 될가 하여、術語가 처음 나올 적마다 그 頭書에 漢字語를 마주대어 놓았다。 그러나 이는 다만 理解의 補助가 되게 할 따름이니、결코 이것을 重視하지 말지니라。 이 책으로써 말본을 가르치거나 배우거나 하는 이는 오로지 이 책에서 規定한 갈말(術語)을 써서 말一般에 關한 文法的 知識의 原本的 基礎를 닦을 것이라 하노라。

五、이 책은 그 공부의 效果를 確實히 거두기 爲하여 가름(章)마다 그 끝에 조심들이 뽑은 익힘을 붙여 두었나니、이 책을 가르치는 이는 이것을 잘 쓰시기를 바란다。

昭和九年一月 日

지은이 말함

중등조선말본 속판

모도풀이(總說)

첫재매(第一篇) 소리갈(音聲學)

셋재 매 월갈(文章論)

속 판 끝

소리(音聲)
말(言語)
소리글(音字)
뜻글(意字)
월(文)

중등 조선말본

최현배 지음

모도풀이(總說)

一、사람의 부하(肺)에서 나오는 空氣가 목청(聲帶)이나 입안의 여러 군대를 대질러서 귀청(鼓膜)을 두드리는 것을 **소리**라 하며、소리로 말미암아 사람의 생각을 들어내는 것을 **말**이라 한다。

二、소리를 적는 표(符號)를 **소리글**이라 하며、뜻을 적는 표를 **뜻글**이라 한다。

◎우리 한글(正音)은 소리글이요、漢字는 뜻글이니라。

三、글자를 가지고 한 뭉뚱그려진 생각을 나타낸 것을 **월**이라

하나니、이를테면

꽃 이 피었다。

아이 가 글 을 읽는다。

와 같은 것이다。

낱말(單語)

四、앞에 보기로 든 두 월을 다시 갈라 보면、여러 낱의 말로 되었다。곧 첫재 월은 세 낱의 말로 되고、둘재 월은 다섯 낱의 말로 되었다。이와 같이 월을 이루는 낱낱의 말을 낱말이라 한다。낱말은 일마의 소리로 되었나니、「이」는 한 소리로、「아이」와 「가」는 두 소리씩으로、「글」은 세 소리로 되었음과 같다。

대중말(標準語)

五、한 나라말 가운대에 그 대중(標準)이 될 만한 말을 대중말(標準語)이라 하며、그렇지 못한 말을 사토리라 한다。

말본(語法)

六、대중말에는 一定한 본(법)이 있나니、이를 말본이라 한다。

말본의 세 조각

우리가 말본을 공부하는 目的은 남의 말과 글월을 바로 깨치며、또 제 생각을 바르게 나타내기에 소용되게 함에 있다。

七、우에 말한 바를 따르건대、소리가 모혀서 낱말이 되고、낱말이 모혀서 월이 되는 것이다。그러므로 말본에는 소리를 닦는 **소리갈**(音聲學)과 **낱말** 곧 씨를 닦는 **씨갈**(品詞論)과 월을 닦는 **월갈**(文章論)의 세 조각이 있다。

익힘

一、말과 글의 다름이 무엇이냐。

○二、소리글과 뜻글의 뜻을 보기(例)를 들어 말하라。

三、낱말과 월의 다름을 보기를 들어 말하라。

四、대중말이란 무엇이냐。

五、우리가 말본은 왜 배우느냐。

六、말본의 세 조각을 말하라。

홀소리(母音) 닿소리(子音)

첫재매 소리갈

첫재 가름 소리의 갈래

一、날숨(呼氣)이 목청을 떨어울려서 입으로 나올적에 큰 막음을 입지 아니하고 순하게 나는 소리를 **홀소리**라 하며、날숨이 입이나 코로 나오는 길에 여러 가지의 막음을 입어서 거츨게 나는 소리를 **닿소리**라 한다。

조선의 한글 수물 넉 자 가운대에서

ㅏ ㅑ ㅓ ㅕ ㅗ ㅛ ㅜ ㅠ ㅡ ㅣ

의 열 자는 홀소리이요。

ㄱ ㄴ ㄷ ㄹ ㅁ ㅂ ㅅ ㅇ ㅈ ㅊ ㅋ ㅌ ㅍ ㅎ

흐린소리와 맑은소리 (濁音과 淸音)

의 열넉 자는 닿소리이다。

◎홀소리란 제홀로 날 수 있는 소리의 뜻이요、닿소리란 제홀로는 나지 못하고 홀소리에 닿아야 나는 소리의 뜻이니라。

◎한글의 글자의 차례와 그 이름은 다음과 같다。

ㄱ 기역 ㄴ 니은 ㄷ 디귿 ㄹ 리을 ㅁ 미음 ㅂ 비읍 ㅅ 시옷 ㅇ 이응 ㅈ 지읒 ㅊ 치읓 ㅋ 키읔 ㅌ 티읕 ㅍ 피읖

ㅎ 히읗 ㅏ 아 ㅑ 야 ㅓ 어 ㅕ 여 ㅗ 오 ㅛ 요 ㅜ 우 ㅠ 유 ㅡ 으 ㅣ 이

二、목청을 떨어울려서 나오는 소리를 흐린소리라 하며、목청을 떨어울리지 아니하고 나오는 소리를 맑은소리라 한다。

홀소리는 다 흐린소리이요、닿소리에는 맑은소리와 흐린소리가 있나니:

ㄱ ㄷ ㅂ ㅅ ㅈ ㅎ ㅊ ㅋ ㅌ ㅍ 따위는 맑은소리이요、

ㄴ ㄹ ㅁ ㅇ 따위는 흐린소리이다。

거센소리 (激音、有氣音)

◎맑은소리 가운대에 특히 ㅎㅊㅋㅌㅍ을 거센소리라 하기도 하느니라。

홑소리와 거듭소리 (單音과 重音)

三、홑으로 되어서 그 나는 동안의 앞뒤를 따라 아무 다름이 없이 한가지로만 나는 소리를 홑소리라 하며、둘以上으로 되어서 그 나는 동안의 앞뒤를 따라 다름이 생기는 소리를 거듭소리라 한다。

조선말의 소리에서 보건대、

홀소리 가운대에

ㅏㅓㅗㅜㅡㅣㅐㅔㅚ 아홉은 홑홀소리이요、

ㅑㅕㅛㅠㅒㅖㅟㅢㅙㅞ 열은 거듭홀소리이며、

닿소리 가운대에

ㄱㄴㄷㄹㅁㅂㅅㅇㅈㅎㄲㄸㅃㅆㅉ 열 다섯은 홑닿소리이요、

ㅊㅋㅌㅍㄺㄼㄾㅀㅄㄵ 따위는 거듭닿소리이다。

◎우에서 본 바와 같이 소리의 홑과 거듭이 저 글자의 홑과 거듭으로 더불어 서로 맞지 아니하니、이를테면 ㅑ・ㅕ・ㅛ・ㅠ・ㅊ・ㅋ・ㅌ・ㅍ이 글자로서는 홑이로되、소리로서는 거듭이요、ㅐ・ㅔ・ㅚ・ㄲ・ㄸ・ㅃ・ㅆ・ㅉ이 글자로서는 거듭이로되、소리로서는 홑임과 같으니라。

◎무엇이든지 같은 것을 거듭하여 된 것은 그 홑것보다 힘과 길이가 크다는 見地에서 본다면 「ㄲ・ㄸ・ㅃ・ㅆ・ㅉ」이 그 글자의 모양이 보이는 것과 같이 거듭소리임이 分明하다。그러나 이제 앞에 든 홑소리의 定義를 굳게 따른다면 「ㄲ・ㄸ・ㅃ・ㅆ・ㅉ」의 소리나는 結果는 앞뒤의 다름이 없는 홑소리임도 또한 틀림없는 것이니라。

익힘

一、홀소리와 닿소리의 뜻을 묻노라。

二、한글의 글자를 차례를 따라서 그 이름을 부르라。

三、맑은소리와 흐린소리의 뜻을 묻노라。

四、조선말의 홑홀소리를 다 들라。

거듭소리(重音)

거듭홀소리(重母音)

거듭닿소리의 두가지(重子音의 二種)

섞김거듭닿소리(混成重子音)

五、조선말의 홑닿소리를 다 풀라。

물재 가름 거듭소리

一、거듭홀소리의 된 법을 풀이하면 이러하다。

ㅑ(ㅣㅏ의 거듭) ㅕ(ㅣㅓ의 거듭) ㅛ(ㅣㅗ의 거듭) ㅠ(ㅣㅜ의 거듭) ㅒ(ㅣㅐ의 거듭) ㅖ(ㅣㅔ의 거듭) ㅟ(ㅜㅣ의 거듭) ㅢ(ㅡㅣ의 거듭)

ㅘ(ㅗㅏ의 거듭) ㅝ(ㅜㅓ의 거듭) ㅙ(ㅗㅐ의 거듭) ㅞ(ㅜㅔ의 거듭)

◎거듭홀소리는 다 앞뒤의 차례가 있게 거듭한다。만약 그 차례를 바꿔 놓으면、딴 소리가 되나니、이를테면「ㅟ」의「ㅜ」와「ㅣ」의 차례를 바꿔서「ㅣ」를 먼저하고 「ㅜ」를 나종하면「ㅠ」곧「ㅠ」가 됨과 같으니라。

二、거듭닿소리에는 다음의 두 가지가 있다。

(1) 섞김거듭닿소리 그 거듭한 소리의 앞뒤의 차례를 바꿔도 그 소리남(發音)이 다름이 없는 거듭닿소리를 이른다。

덧거듭닿소리 (次成重子音)

ㅊ거듭「ㅈㅎ」이나「ㅎㅈ」의 보기말—「갖후다」를「가추다」로 내고,「그러하지」의「ㅏ」를 줄인「그러ㅎ지」를「그러치」로 낸다。

ㅋ거듭「ㄱㅎ」이나「ㅎㄱ」의 보기말—「막히다」를「마키다」로 내고,「그러하고」의「ㅏ」를 줄인「그러ㅎ고」를「그러코」로 낸다。

ㅌ거듭「ㄷㅎ」이나「ㅎㄷ」의 보기말—「묻히다」를「무티다」로 내고,「그러하든지」의「ㅏ」를 줄인「그러ㅎ든지」를「그러튼지」로 낸다。

ㅍ거듭「ㅂㅎ」이나「ㅎㅂ」의 보기말—「잡히다」를「자피다」로 내고,「않밖」을「안팎」으로 낸다。(「않」은「안」의 옛말。마춤법으로서는「안팎」을 取함。)

(2) **덧거듭닿소리** 그 거듭한 소리의 앞뒤의 차례를 바꾸면, 그 소리남이 달라지는 거듭닿소리를 이른다。

ㄺ거듭「ㄹㄱ」의 ㄼ거듭「ㄹㅂ」의 ㅄ거듭「ㅂㅅ」의 ㄵ거듭「ㄴㅈ」의

익힘

一、다음의 거듭홀소리는 무엇과 무엇파의 거듭인가。

ㅑ ㅕ ㅛ ㅠ ㅖ ㅢ ㅟ ㅘ ㅝ ㅙ ㅞ

二、다음의 거듭닿소리는 무엇들의 거듭인가。

ㅍ ㅌ ㅋ ㅊ

三、섞김거듭과 덧거듭의 다름이 무엇이냐。

셋재 가름 소리의 닮음

첫재 조각 소리의 닮음의 뜻

소리의닮음 (音의同化)

一、우에 말한 낱낱의 소리는 제각금 一定한 소리값(音價)을 가졌다。 그러나 한 소리가 다른 소리를 만날 적에 그를 닮아서 그 소리값이 달라지는 일이 있나니、 이를 소리의 닮음이라 한다。

소리닮음의 두가지

二、 소리의 닮음 가운대에 가장 표난 것은 (1) 홀소리고룸(母音調和)과 (2) 닿소리의 이어바꿈(子音接變)이다。

홀소리고룸(母音調和)

둘재 조각 홀소리고룸

홀소리고룸이란 것은 홀소리 끼리 서로 만날(直接으로 또는 間接으로) 적에 뒤의 것이 앞의 것을 닮아서 될수있는대로 그와 가까운 소리가 되는 것을 이름이다。

(1) 팔팔—펄펄、빨닥빨닥—뻘덕뻘덕、
졸졸—줄줄、촐랑촐랑—출렁출렁

(2) 잡아—접어、막아—먹어、보아—부어、쏘아—쑤어、
고아—구어、그어—기어、까아—깨어、꾀어—뀌어

우의 보기(例)를 가지고 보건대、(1) 밝은 홀소리(陽性母音)는 밝은

홀소리 끼리、⑵ 어두운 홀소리(陰性母音)는 어두운 홀소리 끼리 잘 고룸(調和)을 이루는 것임을 알겠다。 곧

밝은 홀소리 끼리의 고룸

ㅏ ㅗ —— ㅏ ㅗ

어두운 홀소리 끼리의 고룸

ㅓ ㅜ ㅡ ㅣ ㅐ ㅔ ㅚ —— ㅓ ㅜ ㅡ ㅣ ㅐ ㅔ ㅚ

◎그리하여 아 에(씨끝)와 았 었(도움줄기)도 이 홀소리고룸의 본을 따라 쓰히나니、

이를테면 { 잡아 잡았다 / 접어 접었다 } { 보아 보았다 / 부어 부었다 }

와 같은 것이다。

셋재 조각 닿소리의 이어바꿈

닿소리의 이어바꿈 (子音의 接變)

一、ㄱ이 ㄴ·ㄹ·ㅁ 우에서 날 적에는 그 알의 닿소리를 닮아서

ㅂ·ㅍ이 ㅁ으로

ㄷㅅㅈㅊㅌ이 ㄴ으로

ㅇ으로 난다。

「먹는다」가 「멍는다」로 소리나고、

「백리」(百里)가 「뱅리」로 소리나고、

「떡메」가 「떵메」로 소리남과 같은 것이다。

二、ㅂ·ㅍ이 ㄴ·ㄹ·ㅁ 우에서 날 적에는 그 알의 닿소리를 닮아서 ㅁ으로 난다。

「접는다」가 「점는다」로、「짚는다」가 「짐는다」로、

「합리」(合理)가 「함리」로、「입맛」이 「임맛」으로、

「잎마다」가 「임마다」로 남과 같은 것이다。

三、ㄷ·ㅅ·ㅈ·ㅊ·ㅌ이 ㄴ·ㅁ 우에서 날 적에는 그 알의 소리를 닮아서 ㄴ으로 난다。

「믿는다」가 「민는다」로、「맏며느리」가 「만며느리」로、

「벗는다」가 「번는다」로、「옷모양」이 「온모양」으로、
「찾는다」가 「찬는다」로、「낮마다」가 「난마다」로、
「좇는다」가 「존는다」로、「꽃마다」가 「꼰마다」로、
「맡는다」가 「만는다」로、「밭마다」가 「반마다」로 남과 같은 것이다。

ㄴ이 ㄹ로

四、ㄴ이 ㄹ 우나 알에서 날 적에는 ㄹ을 닮아서 ㄹ로 난다。

「천리」(千里)가 「철리」로、「불노」(不怒)가 「불로」로 남과 같은 것이다。

ㄹ이 ㄴ으로

五、ㄹ이 ㄱ·ㅁ·ㅂ·ㅇ 알에서 날 적에는 그 우의 소리를 닮아서 ㄴ으로 난다。

「국리」(國利)가 「국니」로、「금리」(金利)가 「금니」로、
「압력」(壓力)이 「압녁」으로、「종로」(鍾路)가 「종노」로 남과 같은 것이다。

익 힘

一、소리의 닮음이란 무엇이냐。 그 뜻을 말하고 그 보기를 한두 낱 들라。

二、홀소리고룸이란 어떠한 것이냐。

三、ㄱ이 무슨 소리 우에서 ㅇ으로 바꾸히느냐。

四、ㅂ·ㅍ이 무슨 소리 우에서 ㅁ으로 바꾸히느냐。

五、ㄷ·ㅅ·ㅈ·ㅊ·ㅌ이 무슨 소리 우에서 ㄴ오로 바꾸히느냐。

六、ㄴ이 ㄹ로 되는 말의 보기를 하나 들라。

七、ㄹ이 무슨 소리 알에서 ㄴ으로 나느냐。

둘재매 씨갈

첫재 가름 씨가름

씨가름(品詞分類)

낱말을 그 구실(職能)과 뜻과 끌(形式)을 따라 몇 갈래로 갈라 놓은 것을 씨라 하나니, 우리말의 씨에는

씨(品詞)

열가지의씨

이름씨	대이름씨	셈씨
움즉씨	어떻씨	잡음씨
어떤씨	어찌씨	느낌씨
토씨		

의 열 가지가 있다。

이름씨(名詞)

(1) **이름씨** 사람 책 봄 들 풀 나무 노래 기쁨 백두산 주시경

들과 같이 일과 몬(物)의 이름을 나타내는 낱말을 이름씨라 한다。

대이름씨(代名詞)

(2) **대이름씨** 나 네 저 그 누구 아모 이것 저것 여기 저기 거기 들과 같이 일과 몬(物)의 이름 대신에 그것을 가리키는 낱말을 **대이름씨**라 한다。

셈씨(數詞)

(3) **셈씨** 하나 둘 셋 열 수물 설흔 마흔 쉰 첫재 둘재 셋재 백재 들과 같이 일과 몬의 셈(數)을 나타내는 낱말을 셈씨라 한다。

임자씨(體言)

◎이름씨 대이름씨 셈씨는 월(文)의 임자(主體)가 되는 것이니、이 따위를 어울러서 **임자씨**라 하느니라。

움즉씨(動詞)

(4) **움즉씨** 읽다 오다 흐르다 일하다 불다 쓰다(用) 씨다(書) 같다 늘다 들과 같이 일과 몬의 움즉임을 나타내는 낱말을 움즉씨라 한다。

어떻씨(形容詞)

(5) **어떻씨** 푸르다 검다 희다 따뜻하다 길다 높다 아름답다 바

르다 있다 없다 들과 같이 일과 몬의 바탕(性質)과 모양과 있음의 어떠함을 나타내는 낱말을 어떻씨라 한다。

잡음씨(指定詞)

(6) **잡음씨** 「그는착한 사람이다。」「이것이 백일홍이 아니다。」의 이다 아니다와 같이 일과 몬이 무엇이라고 잡는(指定하는) 낱말을 **잡음씨**라 한다。

◎잡음씨는 이다 아니다 두 씨 뿐이니라。

풀이씨(用言)

◎움즉씨 어떻씨 잡음씨는 월(文)의 풀이(說明)가 되는 것이니, 이 따위를 어울러서 풀이씨라 하느니라。

어떤씨(冠形詞)

(7) **어떤씨** 「이 사람이 그 일을 제 곳에서 여러 친구들과 온갖 고생을 다하면서 해 내었소。」「새 옷이나 헌 옷이나 주는 대로 입어라。」「한 손을 가지고 두 가지나 세 가지나 한꺼번에 할 수가 없다。」의 이 그 제 여러 온갖 새 헌 한 두 세 들과 같이 일과 몬

이 어떠한 것이라고 금하는(限定하는) 낱말을 어떤씨라 한다。

어찌씨(副詞)

(8) **어찌씨** 「꽃이 매우 아름답다。」「아이가 빨리 달아난다。」「조곰 맛보니 아주 쓰다。」「인제 휠신 병이 나았다。」의 매우 빨리 조곰 아주 인제 휠신 들과 같이 주장으로 풀이씨의 우에 붙어서 그것이 어떠하게(어쩌) 움즉인다고、또는 어떠하게(이쩌) 어떠하다고 그 뜻을 금하는(限定하는) 낱말을 어찌씨라 한다。

느낌씨(感動詞)

(9) **느낌씨** 「아아、달이 밝다。」「아차、잊었구나。」「어어、저런 일이 있나。」「어뿔사、틀렸구나。」「에그、가엾어라。」「하하、그리되었소。」「여보、이리 오오。」「네、가리다。」「그래、가아。」의 아아 아차 어어 하하 여보 네 그래 들과 같이 무엇에 느끼어서 소리내는 낱말을 느낌씨라 한다。

꾸밈씨(修飾詞)

◎어떤씨 어찌씨 느낌씨는 다른 말을 꾸미는 씨이니、이 따위를 어울러서 꾸밈씨라

하느니라。

토씨(助詞)

(10) **토씨** 「오늘은 비가 온다。」「나비가 꽃에 붙었다가 또 담넘어로 날아 가오。」「저이들이 책을 읽는다。」의 은 가 에 로 이 을 들과 같이 주장으로 임자씨(體言) 알에 붙어 그 알의 말과의 걸림(關係)을 나타내는 낱말을 토씨라 한다。

생각씨와 걸림씨(觀念詞와 關係詞)

◎우에 말한 임자씨 풀이씨 꾸밈씨는 다 홀로설 수 있는 생각의 씨이니、이를 어울러서 생각씨라 하며、이에 對하여 토씨는 걸림(關係)을 나타내는 홀로설 수 없는 씨이니、이를 걸림씨라 하느니라。

◎우에 풀이한 씨가름을 표로 보이면 다음과 같다。

- 임자씨
  - 이름씨
  - 대이름씨
  - 셈씨
- 움즉씨

- 씨
  - 생각씨
    - 풀이씨
      - 어떻씨
      - 잡음씨
    - 꾸밈씨
      - 어떤씨
      - 어찌씨
      - 느낌씨
  - 걸림씨……토씨

익힘

다음의 월에서 열 가지의 씨를 가리켜 내라。

(ㄱ) 메 는 푸르고、들 은 희다。

(ㄴ) 自己 의 職業 을 愛重히 녀기고 그 날 그 날 의 일 이 完成되었음 을 滿足히 생각하면서 집 에 돌아오는 이 처럼 幸福스러운 사람 은 없느니라。

(ㄷ) 여름 이 되면、바다 가 뭍의 사람 을 誘引한다。

(ㄹ) 父母 의 恩惠 는 山 보다도 높고 바다 보다도 깊다。

(ㅁ) 가만히 눈 감으면、胸中 에도 明月 있다。

(ㅂ) 그 사람 이 저 새 집 에 사오。

(ㅅ) 저이 가 우리 언니 이다。

(ㅇ) 여덟 을 아홉 곱절 하면 일흔 둘 이다。

(ㅈ) 수길 아、너 도 가느냐。네、저 도 갑니다。

(ㅊ) 허허、참 처음 보겠네。

(ㅋ) 왔다、그 만두어라。

두루이름씨(普通名詞)와 홀로이름씨(固有名詞)

둘재 가름 이름씨

一、저 섬에도 사람이 사는 집이 더러 있다。

閑山島에는 李舜臣을 제사지내는 制勝堂이 있다。

우에 든 월에서 섬 사람 집 들과 같이 한 갈래의 일과 몬에 두루 쓰히는 이름씨를 두루이름씨라 하며、閑山島 李舜臣 制勝堂과 같이 特히 한 낱의 일과 몬에만 쓰하는 이름씨를 홀로이름씨라 한다。

완전한이름씨와 불완전한이름씨(完全名詞와不完全名詞)

◎두루이름씨에는 메 내 돌 집 책상 붓 벼루 나무 꽃 새 짐승 파 같은 몬(物)의 이름도 있으며、봄 여름 마음 사랑 때 목숨 들파 같은 꼴없는 것의 이름도 있으며、일 놀음 運動 努力 공부 들파 같은 일의 이름도 있다。홀로이름씨에는 周時經 世宗大王 乙支文德 들파 같은 사람의 이름도 있으며、平壤 扶餘 新羅 高句麗 百濟 들파 같은 땅 이름、나라 이름도 있으며、世界大戰 文藝復興 들파 같은 特定한 일의 이름도 있으며、三國遺事 諺文誌 와 같은 特定한 책의 이름도 있다。

二、이름씨(두루이름씨)에는 흙 물 아이 닭 기쁨 들과 같이 홀로서는 힘이 있는 이름씨를 완전한 이름씨라 하며、「저 것이 좋다。」「나의 알 바가 아니다。」「그는 가는 데마다 歡迎을 받는다。」의 것 바 데 따위와 같이 제홀로는 따로서지 못하고 항상 다른 씨 (어떤씨 따위)알에 쓰히는 것을 불완전한 이름씨라 한다。

이름씨의 겹셈

三、이름씨의 겹셈(複數)은 사람들 짐승들 책들과 같이 이름씨에

들을 더하여 나타냄이 예사이요, 또 더러 사람사람 집집 과 같이 한 씨를 포개어서 나타내는 일도 있다。

익 힘

다음의 월에서 이름씨를 가려 내라。 그리고 홀로이름씨와 불완전한 이름씨가 있거든 그것도 가리키라。

(ㄱ) 오늘 은 비 가 온다。 지난 겨울 에는 눈 도 그렇게 많이 오더니。

(ㄴ) 三角山 의 흰 구름 이 한 숨 에 달음질하여 南山 으로 날아 오며, 南山 에 잠진 안개 가 또 다시 풀혀 날싸게 도 漢江 언덕 으로 달음질처 나간다。

(ㄷ) 慶州 의 佛國寺 에는 有名한 多寶塔 과 釋迦塔 이 新羅 時節 의 文化 을 자랑하고 있다。

(ㄹ) 에디손 은 낮 이면 汽車 안 에서 新聞 을 팔고, 밤 이면 집 에 돌아와서 어머니에게 글 을 배웠다。

(ㅁ) 적은 것 을 아낄 줄 을 아는 이 라야 큰 것 을 이루어 내는 법 이오。

(ㅂ) 스스로 어리석은 줄을 아는 어리석은 이는 슬기로운 이로 더불어 相距가 멀지 아니하니라。

셋재 가름 대이름씨

사람대이름씨 (人代名詞)

一、나는 너를 찾아 왔다。

저이가 누구인지 자네가 아는가。

그이가 당신을 안다 ㅂ데다。

우의 나 네 저이 누구 자네 그이 당신 들은 사람을 가리키는 대이름씨이니、이 따위를 사람대이름씨라 한다。

그것이 무엇이냐。

이것과 저것이 어느것이 낫소?

붉은 꽃이 여기 저기 피기 시작하였다。

이리로 가는 것이 그리로 가는 것 보다 빠르다。

우의 그것 무엇 이것 저것 어느것은 일몬(事物)을、여기 저기는 곳을、이리 그리는 쪽(方向)을 가리키는 대이름씨이니、이 따위를 모도이름지어 **몬대이름씨**라 한다。

二、사람대이름씨는 그 말하는 이와의 關係를 따라 **첫재가리킴**、**둘재가리킴**、**셋재가리킴**의 세 가지가 있다。

첫재가리킴(第一人稱) 이란 것은 나 저 들과 같이 말하는이가 제(自己)를 가리키는 대이름씨이다。

둘재가리킴(第二人稱) 이란 것은 너 자네 그대 당신 들과 같이 맞은편(對者)을 가리키는 대이름씨이다。

셋재가리킴(第三人稱) 이란 것은 이이 그이 저이 누구 들과 같이 말하는이도 아니요、그 맞은편(對者)도 아닌、다른 사람 곧 셋재

몬대이름씨(物代名詞)

사람대이름씨의가리킴(人代名詞의人稱)

첫재가리킴

둘재가리킴

셋재가리킴

사람을 가리키는 대이름씨이다。 그런데 이 셋재가리킴의 사람대이름씨는 다시 그것과 가리키는 사람과의 關係를 따라 **가까움**(近稱)、**떨어짐**(中稱)、**멀음**(遠稱)、**안잡힘**(不定稱)의 네 가지로 가른다。

가까움

가까움(近稱) 이란 것은 이애 이이 이분 들과 같이 말하는이에게 가까운 사람을 가리키는 것이요、

떨어짐

떨어짐(中稱) 이란 것은 그애 그 그이 그분 들과 같이 말하는이에게서는 조곰 떨어져 멀고、맞은편에게는 가까운 사람을 가리키는 것이요、

멀음

멀음(遠稱) 이란 것은 저애 저 저이 저분 들과 같이 말하는이와 맞은편과에서 함께 멀리 있는 사람을 가리키는 것이요、

안잡힘

안잡힘(不定稱) 이란 것은 누구 아모 어떤이 어느분 어떤분 들과 같이 똑똑하지 못하거나 알지 못한 것을 가리키는 것이다。

사람대이름씨의 높힘

三、사람대이름씨는 높힘의 등분을 따라 아주낮훔(極卑稱)、낮훔(卑稱)、높힘(尊稱)、아주높힘(極尊稱)의 네 가지 등분을 가른다。

그리하여 예사로 쓰히는 사람대이름씨의 보기틀(一覽表)을 만들면 다음과 같다。

높힘등분 / 가리킴	아주높힘	높힘	낮훔	아주낮훔
첫재가리킴			나	저、나
둘재가리킴	어르신、어른 당신	당신、그대	자네	너
셋재가리킴	당신(이어른 그어른 저어른)	이분、그분、저분 이이、그이、저이 이、그、저	(이사람、그사람 저사람)	이애、그애 저애

◎둘재가리킴의 아주높힘에는 대이름씨를 잘 쓰지 아니하고、그 대신에 말하는이와의 關係를 따라 아버님 어머님 先生님 따위를 쓰기도 하며、또 그 사람의 官職의

몬대이름씨의 가리킴

等位를 따라 大監(大臣 자리의 사람) 令監(오늘의 高等官 자리의 사람) 나으리(卑賤한 사람이 오늘의 判任官 자리의 사람에게 對하여) 따위를 쓰기도 하느니라。

◎우의 보기를 가운대에 도림(括弧)을 친 것은 한 낱의 대이름씨가 아님을 보임이라。

四、몬대이름씨는 죄다 셋재가리킴 뿐인데、높힘의 등분이 없고、다만 가까움、떨어짐、멀음、안잡힘의 네 가지의 자리잡음(定位)만 있다。

	일몬	곳	쪽
가까움	이것	여기	이리
떨어짐	그것	거기	그리
멀음	저것	저기	저리
안잡힘	무엇、어느것、아모것、어떤것	어대、아모대、어떤대	어느쪽

대이름씨의 겹셈

五、대이름씨의 겹셈(複數)을 나타냄에는 이것들 그것들 당신들 그대들 자네들 따위와 같이 홑셈(單數) 알에 들을 더하기도 하고、네희(汝等) 저희(生等)와 같이 희를 더하는 것도 있고、자네네 당신네와 같이 네를 더하기도 하고、우리와 같이 아주 딴 말을 쓰기도 한다。

익힘

一、다음의 월에서 대이름씨를 가려 내고、또 그 갈래를 말하라。

(ㄱ) 이것은 여기에、그것은 거기에、저것은 저기에 두어라。

(ㄴ) 너는 어대로 가니? 저는 우리 엄마 찾아 저리로 갑니다。

(ㄷ) 당신은 누구를 찾아 왔소? 나는 나의 친구를 찾아 왔소。

(ㄹ) 거기 있는 것이 무엇인가。그것이 자네 옷이 아닌가。

(ㅁ) 저이가 요전에 저에게 책을 빌려 주었읍니다。

(ㅂ) 어른께서 한번 거기에 가(아) 보시면 어떻겠읍니가。

二、사람대이름씨의 높힘의 등분을 말하고 그 보기를 들라。

셈씨(數詞)

넷재 가름 셈씨

一、하나를 들으면 열을 안다。

한 해의 日數는 三百 六十 五日이다。

운동은 첫재이나、공부는 열재도 못 간다。

그 반에서 첫재 둘재 가던 아이가 그만 여럿재로 떨어졌다。

으뜸셈씨(原數詞)

차례셈씨(序數詞)

우의 하나 열 三百 六十 五 들과 같이 일과 몬의 낱(個)의 셈을 나타내는(따라 으뜸되는) 셈씨를 으뜸셈씨라 하며、첫재 열재 둘재 여럿재 들과 같이 일과 몬의 차례를 나타내는 셈씨를 차례셈씨라 한다。

◎三百과 六十이 각각 한 씨이요、두 씨씩이 아님을 注意하라。

◎셈을 나타낸다 고 다 셈씨가 되는 것은 아니다。셈을 나타내더라도 그것이 임자씨

가 아닌 것은 셈씨가 되지 못한다。이를테면 「한 해」「두 사람」의 「한」과 「두」는 셈씨가 아니요 어떤씨이니라。

익힘

다음의 월에서 셈씨를 가려 내고、또 그 갈래를 말하라。

(ㄱ) 중의 念珠 는 일백 여덟 이다。

(ㄴ) 한 사람이 능금 설흔 다섯을 가지고 네 아이 에게 똑같이 갈라 주고 나니、나머지 가 셋 이다。

(ㄷ) 普通學校 에서는 첫재、高等 普通 學校 에서는 열 둘재、專門 學校 에 가서는 마흔 셋재。

다섯재 가름 움즉씨

첫재 조각 움즉씨의 끝바꿈

움즉씨의 끝바꿈 (動詞의 活用)

一、책을 읽다。책을 읽어라。책을 읽느냐。

줄기(語幹)
씨끝(語尾)
끝바꿈(活用)
으뜸꼴(原形)(基本形)

글을 읽어 보게。글을 읽지 말라。

편지를 읽으니。편지를 읽으면。

읽다라는 움즉씨는 우에 보인 바와 같이 그 쓰힘(用法)을 따라 읽어라 읽느냐 읽어 읽지 읽으니 읽으면……따위로 그 꼴(形)이 달라진다。그 달라지지 아니하는 조각「읽」을 줄기라 하며、그 달라지는 조각「어라」「느냐」「어」「지」「으면」따위를 씨끝이라 한다。그러고 씨끝이 여러가지로 달라지는 일을 씨끝바꿈 또는 줄여서 끝바꿈(語尾變化、活用)이라 한다。

모든 움즉씨는 끝바꿈하는 씨이니、줄기에 씨끝「다」가 붙은 것이 그 움즉씨의 으뜸꼴이 된다。이를테면 읽다 잡다 가다 보다와 같은 것들이 다 움즉씨의 으뜸꼴이니、이 꼴이 으뜸이 되어서 여러 가지의 끝바꿈이 생기느니라。

◎움즉씨의 으뜸꼴의 씨끝은「다」하나 뿐이다。 그런데 어떤 말에서는 으뜸꼴의 씨끝이「다」로 소리나는 것이 있으니、이는 그 으뜸꼴의 줄기의 끝소리가「ㅎ」이기 때문에 그 ㅎ과 씨끝「다」의 ㄷ이 거듭하여서 ㅌ으로 나는 것이다。이를테면

놓다(放) 닿다(接觸、到着) 낳다(産)

와 같은 것이니라。

익힘

一、줄기란 무엇이며、씨끝이란 무엇이냐。보기를 들어 풀이하라。

二、움즉씨의 끝바꿈의 뜻을 묻노라。

三、다음의 글월에서 움즉씨를 골라서 그 으뜸꼴을 보이라。

(ㄱ) 비 가 옵니다。

밤 은 고요히 깃 을 벌리고、

비 는 뜰 우 에 속새깁니다、

몰래 짓거리는 병아리 같이。

(ㄴ) 膝下를 떠나온 뒤로 雲山을 瞻望하옵고、晝夜로 悵慕하옴이 간절하옵나이다。

둘재 조각 움즉씨의 법

움즉씨의 끝바꿈에는 마침법、껌목법、이음법의 세 가지의 법이 있다。

마침법 (終止法)

一、마침법

아이가 나비를 잡는다。

누구가 나비를 잡느냐。

福童아 나비를 잡아라。

이쁜아 나비를 잡자。

차돌이도 나비를 잡는구나。

의 잡는다 잡느냐 잡아라 잡자 잡는구나와 같이 월의 풀이말(說

明語)이 되어서 그 월을 끝맺는 법을 마침법이라 한다。

껨목법(資格法)

二、껨목법

나비를 잡아 온다、

나비를 잡는 아이가 누구냐。

나비를 잡기가 어렵다。

의 잡아 잡는 잡기 와 같이 월의 풀이말이 되어서 마치지 아니하고、同時에 그 껨목(資格)을 바꿔서 다른 씨처럼 되는 법을 껨목법이라 한다。

이음법(接續法)

三、이음법

나비를 잡으면 자미나겠다。

나비를 잡아도 좋다。

나비를 잡으면서 논다。

나비를 잡는데 왠 아이가 와서 헤방을 놀았어요。

나비를 잡거나 범을 잡거나 내버려 두오。

네가 나비를 잡으려 한들 되나。

나도 범 잡으러 가오。

나비를 다섯 마리 잡도록 기다렸다。

토끼를 잡다가 꿩 한 마리를 잡았다 네。

새끼를 잡자 어미가 어대서 뛰어 왔소。

개도 나비를 잡거든 사람이 나비를 못 잡을랴고。

그애가 꽃밭에서 나비를 잡을뿐더러 꽃도 부러떠려 놓았다。

한 마리、두 마리、잡을수록 자미나네

나도 그것을 잡(았)던들 좋았을 걸。

의

잡으면 잡아도 잡으면서 잡는데 잡거나 잡으러

가 잡자 잡거든 잡을뿐더러 잡을수록 잡던들 따위와 같이 월의 풀이말이 되어서 마치지 아니하고 다시 다른 월이나 풀이씨에 잇는 법을 이음법이라 한다。

셋재 조각 움즉씨의 꼴

꼴의갈래 (形의種類)

一、움즉씨의 세 가지의 법에는 각각 여러 가지의 꼴(形)이 있나니:

一、마침법에는 (1) 베풂꼴(敍述形) (2) 물음꼴(疑問形) (3) 시김꼴(命令形) (4) 꾀임꼴(請誘形) (5) 느낌꼴(感動形)이 있고、

二、껌목법에는 (1) 어찌꼴(副詞形) (2) 어떤꼴(冠形詞形) (3) 이름꼴(名詞形)이 있고、

三、이음법에는 (1) 매는꼴(拘束形) (2) 안매는꼴(不拘形) (3) 벌림꼴(羅列形) (4) 풀이꼴(說明形) (5) 가림꼴(選擇形) (6) 하렴꼴(意圖形) (7) 목적꼴(目的形) (8) 미침꼴(到及形) (9) 그침꼴(中斷形) (10) 되풀이꼴(反覆形) (11) 잇달음꼴(連發形) (12) 견줌꼴(比較形) (13) 끄어옴꼴(引用形)

(14) 더보탬꼴(添加形) (15) 더해감꼴(益甚形) (16) 뒤집음꼴(翻覆形)이 있다。

二、마침법의 꼴

베풂꼴(敍述形)

(1) **베풂꼴** 은 남에게 베풀어 이르는 뜻으로 월을 끝맺는 꼴이니、ㅣ다、ㅣ네、ㅣ오、ㅣ소、ㅣ나이다……따위이다。

꽃이 피다。

꽃이 피네。

꽃이 피오。

꽃이 피나이다。

물음꼴(疑問形)

(2) **물음꼴** 은 맞은편(相對方)에게 묻는 뜻으로 월을 끝맺는 꼴이니、ㅣ느냐 ㅣ(는)가 ㅣ오 ㅣ소 ㅣ나이가 ㅣ(ㅂ)니가……따위이다。

네가 가느냐?

자네가 가는가?

그대가 가오?

당신께서 가십니가?

시김끝 (命令形)

(3) 시김끝 은 남을 시기는 뜻으로 월을 끝맺는 끝이니, —아라 —게 —오 —소 —소서……따위가 있다。

너 좀 보아라。

자네 좀 보게。

당신 좀 보오。

아버지여 어린아이의 정성을 살펴 보소서。

꾀임끝 (請誘形)

(4) 꾀임끝 은 남을 꾀이어 제와 무슨 行動을 함께하자 는 뜻으로 월을 끝맺는 끝이니, —자 —세 —(읍)세(시)다 —(으십)세(시)다……따위가 있다。

너도 가자。

자네도 가세。

당신도 갑세다(갑시다)。

당신도 가십세다(가십시다)。

느낌꼴(感動形)

(5) **느낌꼴** 은 제홀로 느낌의 뜻으로 월을 끝맺는 끝이니, ㅣ구나 ㅣ도다 따위가 있다。

밝은 달이 돋는구나!

밝은 달이 돋았도다!

마침법의 등분

三, 마침법의 등분。 마침법에는 그 말을 듣는 사람을 높히는 분수를 따라, (1) 아주낮훔(해라) (2) 낮훔(하게) (3) 높힘(하오) (4) 아주높힘(합쇼)의 네 등분이 있고, 또 等外로 (5) 반말이란 것이 있다。

아주낮훔(極卑稱)

아주낮훔(해라)

말을 적는다。(베풂)

낮훔(卑稱)

말을 적느냐。(물음)

말을 적어라。(시김)

말을 적자。(꾀임)

낮훔(하게)

말을 적네。(베풂)

말을 적는가。(물음)

말을 적게。(시김)

말을 적세。(꾀임)

높힘(尊稱)

높힘(하오)

말을 적소。(베풂)

말을 적소?(물음)

말을 적으오。(시김)

아주높힘 (極尊稱)	반말 (等分外)

말을 적읍세다。(꾀임)

아주높힘(합쇼)

말을 적습니다。(베풂)

말을 적습니가。(물음)

말을 적으십시오。(시김)

말을 적으십세다。(꾀임)

반말(등분밖)

말을 적어。(베풂)

말을 적어?(물음)

말을 적어。(시김)

말을 적어!(느낌)

◎느낌꼴은 제 혼자 하는 말인 때문에 맞은편이 없고 따라 높힘의 소용이 없다。그래

서 높힘의 등분도 없다。

四、 껌목법의 끌

어찌끌 (副詞形)

(1) 어찌끌 은 움즉씨가 월의 풀이말이 되어 움즉씨 노릇을 하면서 일변에는 다음에 오는 말에 對하여 어찌씨의 껌목(資格)을 가지는 끌이니、 ㅣ아(어) ㅣ게 ㅣ지 ㅣ고 가 있다。

글을 읽어 보아라。

글을 읽게 되었다。

나쁜 책을 읽지 말라。

偉人의 傳記를 읽고 싶다。

어떤끌 (冠形詞形)

(2) 어떤끌 은 움즉씨가 일변에는 움즉씨 노릇을 하면서 다른 일변에는 다음에 오는 말에 對하여 어떤씨의 껌목을 가지는 끌이니、 ㅣ는 ㅣ(으)ㄹ ㅣ(으)ㄴ 따위가 있다。

공부를 좋아하는 사람은 成功을 한다。

그를 좋아할 사람이 누구란 말이오?

저가 學生 時代에 공부를 좋아한 사람이다。

이름꼴 (名詞形)

(3) **이름꼴** 은 움즉씨가 일변에는 움즉씨 노릇을 하면서 다른변에서는 이름씨의 껌목을 가지는 꼴이니、 ㅣ(으)ㅁ ㅣ기 가 있다。

사람다운 일을 하고 죽음이 옳으니라。

드러운 이름에 죽기는 싫어요。

五、이음법의 꼴

매는꼴 (拘束形)

(1) **매는꼴** 은 그 알에 오는 말의 內容이 들어남을 매는(拘束하는) 이음법의 꼴이니、 ㅣ(으)면 ㅣ(으)니 ㅣ아야(어야) 따위가 있다。

네가 가면、 되겠니?

내가 가니、 그리합데다。

저이도 가아야 합니까?

안매는꼴 (不拘形)

(2) **안매는꼴** 은 그 알에 오는 말의 內容이 들어남을 매지 아니하는 이음법의 꼴이니, ㅣ더라도 ㅣ(으)ㄹ망정 ㅣ아도(어도) ㅣ렷마는 따위가 있다。

아모리 애쓰더라도 될 수 없겠다。

이런 노릇을 해먹을망정, 너조차 깔본단 말이냐?

너는 죽어도 좋으냐?

하마 그가 오렷마는, 여태 왠 일일가?

벌림꼴 (羅列形)

(3) **벌림꼴** 은 여러 가지의 말을 벌리는 이음법의 꼴이니, ㅣ면세 ㅣ며 ㅣ고 따위가 있다。

아이가 뛰면서 즐거워한다。

아이는 뛰며, 어른은 달음질한다。

풀이꼴(說明形)

가림꼴(選擇形)

하렴꼴(意圖形)

말은 뛰고、 개는 짖는다。

(4) **풀이꼴** 은 그 알에 다시 그 일을 풀이하는(說明하는) 말이 오게 하는 꼴이니、 ㅣ는데 따위가 있다。

강물이 마고 밀어오는데、 사람이 아우성을 치고 야단이 났더라오。

(5) **가림꼴** 은 그 움즉임을 가려서 함을 보이는 꼴이니、 ㅣ거나 ㅣ든지 따위가 있다。

남이야 잠을 자거나 일을 하거나 당신이 무슨 상관이 있소?

죽든지 살든지 같이합세다。

(6) **하렴꼴** 은 어떠한 움즉임을 하려 하는 뜻을 나타내는 꼴이니、 ㅣ으려 ㅣ고저 따위가 있다。

너도 가려(고) 하니?

암만 하고저 한들 되나?

목적꼴(目的形)

(7) **목적꼴** 은 그 알에 오는 움즉임의 直接目的을 보이는 끝이니, ㅣ(으)러 가 있다。

나는 구경하러 간다。

미침꼴(到及形)

(8) **미침꼴** 은 그 움즉임이 實地에 들어날 때까지 그 다음의 움즉임을 함을 보이는 끝이니, ㅣ도록 이 있다。

혀가 닳도록 타일렀지요。

그침꼴(中斷形)

(9) **그침꼴** 은 다른 움즉임으로 옮아가기 爲하여 여태까지 하던 움즉임을 뚝 그침을 보이는 이음법의 끝이니, ㅣ다가 가 있다。

저는 가다가 왔읍니다。

되풀이꼴(反覆形)

(10) **되풀이꼴** 은 움즉임을 여러번 되풀이함을 보이는 이음법의 끝이니, ㅣ라 ㅣ라 이 있다。

밤새도록 사람들이 오락 가락 한다。

잇달음꼴(連發形)

(11) **잇달음꼴** 은 한 움즉임이 그치자 마자、다른 움즉임이 끝 잇달아 일어남을 보이는 꼴이니、-자 가 있다。

가마귀 날자、배 떨어지기。

견줌꼴(比較形)

(12) **견줌꼴** 은 한 가지의 일을 다른 것에 견주는 뜻을 보이는 꼴이니、-거든 따위가 있다。

자네가 그리하거든、하물며 남이야 말해 무엇해?

끄어옴꼴(引用形)

(13) **끄어옴꼴** 은 남의 말함을 그대로 끄어오는 꼴이니、-되 따위가 있다。

그가 말하되「世上 일이 다 그러니라。」고。

더보탬꼴(添加形)

(14) **더보탬꼴** 은 그 움즉임으로 그치지 아니하고 또 다른 일이 더 일어남을 보이는 꼴이니、-(으)ㄹ뿐더러 가 있다。

비가 올뿐더러 몸도 아프고 해서 못 갔다。

더해감꼴 (益甚形)

(15) **더해감꼴** 은 무슨 일이 자꾸 더하여 감을 보이는 꼴이니、

ㅣ(으)ㄹ수록 이 있다。

金剛山은 볼수록 아름답다。

뒤집음꼴 (翻覆形)

(16) **뒤집음꼴** 은 이미 지나간 틀린 얼을 거짓으로 뒤집어 보는 꼴이니、ㅣ던들 이 있다。

나도 熱心히 공부를 했던들 좋았을 것을。

익힘

一、다음의 움즉씨의 끝바꿈틀(活用表)을 만들라。

얻다 쫓다(逐) 짓다(吠) 묶다(束) 읊다(詠) 살피다(察) 얹다(置上) 갚다(報)

가리다(擇)

二、다음의 글월에서 움즉씨를 가려 내어、먼저 그 으뜸꼴을 보이고、다음에 그것이

그 으뜸끌의 무슨 법、무슨 끌임을 말하라。

(ㄱ) 콩 을 팔아서、옷감 을 사아 가지고 가는 사람 도 있소。

(ㄴ) 멀고 먼 나라 에서 처음 으로 코끼리 를 데리고 왔을 때 에 사람들 이 서로 다투어 이 이상하게 생긴 짐승 을 구경하려 갔소。

(ㄷ) 「우리 는 活動하려고 이 세상 에 나왔다。우리 는 活動할 수 있다。」고 스스로 깨닫는 이 는 幸福 이니라。

(ㄹ) 얘、정길 아、해 가 아직 지지 않았으니、이리 와서 같이 놀다 가자。

(ㅁ) 남의 短處 를 보기 를 좋아함 보다 남의 長處를 보기 를 좋아함 이 옳으니라。

(ㅂ) 비 가 많이 오는데、어디 가시오?

(ㅅ) 길 을 가면서 글 을 보는 것 은 健康 을 害할뿐더러 危險한 일 이오。

(ㅇ) 그 사람 이야기 를 하자、그 사람 이 왔소。그래서 우리 는 밥 새도록 잘 놀았소。벗들 파 잘 사핌 은 사람살이 의 한 樂 이오。

(ㅈ) 자네 에게도 알게 했던들、일 이 잘 되었을 번했네。

(ㅊ) 「사람 은 첫재 먹어야 하며、입어야 하지 않소? 그러므로 누구 든지 무엇 보다

도 먼저 옷밥 을 얻기 爲하여 일합 이 마땅하오。」

(ㅋ) 개 도 恩惠 를 알거든、하물며 사람 이랴。

(ㅌ) 이 책 은 읽을수록 자미 가 나니、밤 을 새우더라도 마저 읽겠네。

(ㅍ) 비 가 오거나 바람 이 불거나 나 는 날 마다 그 海岸 으로 散步하러 나갔읍니다。

(ㅎ) 그 의 몸 은 죽어도、그 거룩한 뜻 은 永遠히 살리라。

(ㅏ) 땀 에 젖은 옷 을 長風 에 식히더니、雲雨 에 다시 젖다 炎陽 에 되 마르네。造化 를 몸 에 입은 양 마음 느껴 하노라。(金剛山 毘盧峰에 올라)

넷재 조각 벗어난 끝바꿈 움즉씨 또는 벗어난 움즉씨

벗어난끝바꿈움즉씨(變格活用動詞)

바른끝바꿈움즉씨(正格活用動詞)

앞에 풀이하여 온 움즉씨의 끝바꿈은 우리말에서 떳떳한 것이다。

그런데 얼마간의 움즉씨는 이 으뜸본(原則)을 벗어나서 조곰 다른 본(法)으로 끝바꿈하는 것이 있나니、이를 벗어난 끝바꿈 움즉씨 또는 벗어난 움즉씨라 하며、이에 對하여 으뜸본 대로 끝바꿈하는

ㄹ벗어난움즉씨 (ㄹ變格動詞)

움즉씨를 바른 끝바꿈 움즉씨 또는 바른 움즉씨라 한다。

벗어난 끝바꿈 움즉씨에는 다음의 열 가지가 있다。

一、

ㄱ	ㄴ
살다(生)	사니、산 사람
살자	사세
살고	사ㅂ세다
살면	사오
살려	
살아	

우의「살다」와 갈이 니·시·비·오 우에서 그 줄기의 끝 ㄹ이 줄어지는 움즉씨를 ㄹ 벗어난 움즉씨라 한다。

으뜸꼴에서 ㄹ로 끝진 줄기를 가진 움즉씨는 다 ㄹ 벗어난 움즉씨이니、이를테면 울다 갈다 날다 달다 말다 불다 알다 줄다

들다 풀다 와 같은 것이니라。

ㅅ벗어난움즉씨 (ㅅ變格動詞)

二、

ㄱ	ㄴ
잇다(續)	이어
잇고	이어도
잇는	이어라
잇소	이으니
잇자	

우의 잇다와 같이 홀소리 우에서 그 줄기 끝의 ㅅ이 줄어지는 움즉씨를 ㅅ 벗어난 움즉씨라 한다。

으뜸꼴에서 ㅅ으로 끝진 줄기를 가진 움즉씨 가운대에 얼마간 (잇다、 낫다(癒) 짓다(作) 잣다(紡) 젓다(攪拌) 붓다(注) 긋다(劃) 따위) 이 이 ㅅ 벗어난 움즉씨에 붙느니라。

◎벗다(脫) 빗다(梳) 웃다(笑) 따위는 바른 움즉씨(正格動詞)이니라。

「으」벗어난 움즉씨(으變格動詞)

三、 뜨다(浮)
- ㄱ: 뜨는 / 뜨고 / 뜨오
- ㄴ: 떠 / 떠도 / 떴다

건느다(渡)
- ㄱ: 건느는 / 건느고 / 건느오
- ㄴ: 건너 / 건너도 / 건넜다

우의 뜨다 건느다와 같이 「어」 우에서는 그 줄기 끝의 「一」가 줄어지는 움즉씨를 「으」 벗어난 움즉씨라 한다。

으뜸꼴에서 「一」로 끝진 줄기를 가진 움즉씨의 大多數누 「으」 벗어난 움즉씨이니、 그 보기를 들면

끄다(消) 담그다(漬) 심그다(植) 시므다(植) 트다(通、龜裂、裂開) 치르다(出給、支拂) 따르다(隨、注)、다다르다(臨)

의 따위이니라。

四、 듣다(聞)

ㄷ벗어난움즉씨(ㄷ變格動詞)

ㄱ
- 듣되
- 듣지
- 듣고
- 듣소
- 듣나

ㄴ
- 들어
- 들으니
- 들으시다

우의 듣다와 같이 그 으뜸꼴의 줄기의 끝소리 「ㄷ」이 홀소리 우에서 「ㄹ」로 바꾸히는 움즉씨를 ㄷ 벗어난 움즉씨라 한다。

ㄷ 벗어난 움즉씨의 보기를 더 들면

걷다(步) 겯다(編) 일컫다(稱) 닫다(走) 긷다(汲) 눋다(燒黃) 깨닫다(覺) 묻다(問) 붇다(潤)

의 따위이니라。

五、눕다(臥)

ㅂ벗어난움즉씨 (ㅂ變格動詞)

ㄱ	ㄴ	ㄷ
눕는	누워(누우어)	누우니
눕고	누워도(누우어도)	누울 사람
눕소	누워라(누우어라)	누우면
눕자	누우오	

으뜸꼴에서 ㅂ으로 끝진 줄기를 가진 움즉씨 가운대에 우의 눕다와 같이 (ㄴ) 홀소리 우에서와 (ㄷ) 어떤 特定한 씨끝 (니·ㄹ·면) 우에서 그 ㅂ이 「우」로 바꾸히는 움즉씨를 ㅂ 벗어난 움즉씨라 한다。

ㅂ 벗어난 움즉씨의 보기를 더 들면, 굽다(炙) 깁다(補) 돕다(助) 들이 있느니라。

◎잡다(捕, 執定) 곱다(屈指) 업다(負) 따위는 바른 움즉씨(正格動詞)이니라

六、하다

「여」벗어난 움즉씨(여變格動詞)

하여(하야)。하여야
하여라。하였다

우의 하다와 같이 「아」나 「아」로 비롯는 씨끝(아야、아라)이나 도움줄기(았)의 「아」가 모두 「여」로 바꾸히는 움즉씨를 「여」벗어난 움즉씨라 한다。

줄기의 끝소리가 「하」로 된 움즉씨 (이 따위를 「하다 따위 움즉씨」(하다類 動詞)라 이름한다)는 죄다 「여」벗어난 움즉씨이니、이를테면 일하다 가을하다 사랑하다 뜻하다 研究하다 攻擊하다 完成하다 의 따위와 같으니라。

◎다만 어찌꼴에서만 「하여」밖에 「하야」도 認定하기로 한다。

七、 이르다

이르는 이르러

ㄱ 이르고
이르니
이르오

ㄴ 이르러도
이르렀다

「러」벗어난 움즉씨 (러變格動詞)

우의 이르다와 같이 「어」로 비롯는 씨끝(어、어야)과 도움줄기(었)의 「어」가 모두 「러」로 바꾸히는 움즉씨를 「러」 벗어난 움즉씨라 한다。

◎「러」 벗어난 움즉씨는 이르다 하나 뿐인 듯하다。

八、가다

「거라」벗어난움즉씨 (거라變格動詞)

가거라

우의 가다와 같이 그 시김끝의 씨끝이 ㅣ아라나 ㅣ어라가 아니요、ㅣ거라인 움즉씨를 「거라」 벗어난 움즉씨라 한다。

「거라」 벗이난 움즉씨에는 또 나가다 돌아가다 들어가다 넘어가

「너라」벗어난움즉씨(너라變格動詞)

다 장가가다 시집가다 자다 따위가 있느니라。

九、 오다

오너라

우의 오다와 같이 그 시김끝이 ㅣ너라로 되는 움즉씨를 「너라」 벗어난 움즉씨라 한다。

「너라」 벗어난 움즉씨에는 또 나오다 들오다 돌아오다 따위가 있느니라。

十、

ㄱ
흐르다
흐르는
흐르고
흐르니
흐르오

ㄴ
흘러(흐르어)
흘러도(흐르어도)
흘렀다(흐르었다)

「르」벗어난 움즉씨(르變格動詞)

우의 흐르다와 같이 「어」로 비롯는 씨끝(어、어도)과 도움줄기(었)의 「어」가 「러」로 되는 同時에 그 줄기의 끝소리 「ㅡ」가 줄어지는 움즉씨를 「르」 벗어난 움즉씨라 한다。

◎으뜸꼴에서 줄기의 끝낱내가 「르」로 된 움즉씨 가운대에

(1)「으」 벗어난 움즉씨인 것이 넷이요、

치르다(支拂、待接、「取扱」、經) 따르다(隨) 따르다(注) 다다르다(臨)

(2)「러」 벗어난 움즉씨인 것이 하나 뿐이요、

이르다(至)

(3)「르」 벗어난 움즉씨에 붙는 것이 大部分이니、그 셈이 約 설흔은 되느니라。

가르다(分) 나르다(運搬) 누르다(壓) 마르다(乾、枯、裁衣) 모르다(不知) 바르다(塗)

부르다(呼) 이르다(謂) 자르다(切)……따위

◎우에 풀이한 벗어난 움즉씨 열 가지를 갈라 적으면 다음과 같이 된다。

一、줄기가 으뜸본(原則)에 벗어난 것。

(ㄱ) 줄기의 끝소리가 줄어지는 것:

(1) ㄹ 벗어난 움즉씨

(2) ㅅ 벗어난 움즉씨

(3) 「으」 벗어난 움즉씨

(ㄴ) 줄기의 끝소리가 다른 소리로 바꾸히는 것:

(4) ㄷ 벗어난 움즉씨

(5) ㅂ 벗어난 움즉씨

二、씨끝이 으뜸본(原則)에 벗어난 것:

(6) 「여」 벗어난 움즉씨

(7) 「러」 벗어난 움즉씨

(8) 「거라」 벗어난 움즉씨

(9) 「너라」 벗어난 움즉씨

三、줄기와 씨끝이 함께 으뜸본에 벗어난 것:

(10) 「르」 벗어난 움즉씨

익힘

一、다음의 글월에서 움즉씨를 가려 내어서、그 으뜸꼴과 그 끝바꿈의 갈래(바른 끝바꿈、또는 무슨 벗어난 끝바꿈)와 그 끝의 이름을 말하라。

(ㄱ) 靑山아 말 물어 보자。古今 일을 네 알리라。
萬古 英雄이 몇몇이나 지내셨노。
이뉘에 묻는 이 있거든、나도 함께 일러라。

(ㄴ) 君山을 削平ㅎ던들、洞庭湖 널러 지며、
桂樹를 버이던들、달이 더욱 밝울 것을、
뜻두고 이루지 못하니、늙기 설어 하노라。

(ㄷ) 누우면 山月이요、앉으면 海月이라。
가만히 눈감으면、胸中에도 明月 있다。
五六島 스쳐 가는 배도 明月 실고。

(ㄹ) 봄비에 바람 치어、실 같이 휘날린다。

종일 두고 뿌리어도、 그칠 줄 모르노네。

묵은 밭 새 옷 입으리니、 오실 대로 오시라。

(ㅁ) 이름 없는 한 포기 작은 雜草 에 이르기 까지 神 의 創造 가 아닌 것 이 없다。

(ㅂ) 大鵬 을 손 으로 잡아、 번갯불 에 구워 먹고、

崑崙山 옆 에 끼고、 北海 를 건너 뛰니、

泰山 이 발길 에 차히어、 왜각대각하더라。

(ㅅ) 나 는 홀로 강가 에 앉아、 夕陽에 저어 가는 배사공 의 노래 를 듣노라。

(ㅇ) 값 도 치르지 아니한 물건 을 누 가 이리해 놓았어?

二、 벗어난 끝바꿈의 갈래를 모주리 들라。

三、「르」벗어난 끝바꿈의 움즉씨를 열만 들라。

다섯재 조각 움즉씨의 도움줄기

책을 박다。

책을 박이다。(시김)

책이 박히다。(입음)

책은 박으시다。(높힘)

책을 박으옵나이다。(낮훔)

책을 박았다。(때)

책을 박더라。(도로생각함)

책을 오늘 안으로 다 박겠느냐? (할수)

공장에서 발서 책을 박겠다。(밀움)

너는 그 책을 그대로 박것다。(다짐)

그는 아모러한 책이나 박것다。(버릇)

우에서 보인 이 히 (으)시 (으)옵 았 겠 겠 것 것 들과 같이 움즉씨의 줄기에 붙어서 여러 가지로 그 뜻을 도와서 그 줄기의 한

도움줄기 (補助語幹)

조각이 되는 것을 도움줄기라 한다。

익힘

다음의 글월에서 움즉씨를 가려 내어서、그 도움줄기를 가리키라。

(ㄱ) 얌분 은 윤씨 를 보고 물었다。

「그러나 저러나 이번 일 에 댁 의 영감님 께서는 원 괜찮게 되시었지요?」

윤씨 는 속 으로

「왜 아니 끼히셨겠니?」

하였으나、겉 으로는 아무 소리 도 없이 앉았다。

(ㄴ) 「하참판 의 수레 가 나가셨읍니다。」

(ㄷ) 범 을 잡읍니다。잡습니다。잡겠습니가。

(ㄹ) 범 이 잡히었다。잡히겠다。잡힙니다。

(ㅁ) 어머니 가 아이 에게 젖 을 먹이신다。

(ㅂ) 그 도 갔다。가셨다。갔었다。

(ㅅ) 그 가 편지 를 보이기 에 암만 보아도 날 이 어두워서 잘 보히지 아니하더라。

(ㅇ) 너 는 늘 그리하것다。

(ㅈ) 너 도 그리했것다。

여섯재 조각 도움움즉씨

一、(ㄱ) 根源이 좋은 샘은 마르지 아니한다。

計劃과 誠力만 있으면、일을 이뤄 낸다。

(ㄴ) 사람은 몸부터 튼튼하여야 한다。

그의 이름이 점점 높아 진다。

(ㄷ) 제가 아주 큰 학자인 척한다。

그저 귀머거리인 양하였지요。

우의 보기에서 (ㄱ) 아니하다 내다 는 움즉씨 마르지 이루어 알

도움움즉씨(補助動詞)

도움움즉씨의갈래(補助動詞의種類)

어찌꼴(副詞形)에붙는것

에서、(ㄴ) 하다 지다는 어떻씨 든든하여야 높아 알에서、(ㄷ) 척하다 양하다는 잡음씨 인 알에서、각각 그 우의 풀이씨의 뜻을 여러가지로 돕는다。이와 같이 어떤 으뜸되는 풀이씨 알에 붙어서 그 풀이씨의 뜻을 도와서 完全한 풀이말이 되게 하는 한 갈래의 움즉씨를 **도움움즉씨**라 한다。

二、두움움즉씨는 그 우의 으뜸되는 풀이씨의 어떠한 끝바꿈꼴에 붙는가 를 따라、(1) 어찌꼴에 붙는 것、(2) 이름꼴에 붙는 것、(3) 어떤꼴에 붙는 것、(4) 매는꼴에 붙는 것의 네 가지로 가른다。

(1) 어찌꼴에 붙는 것。

(ㄱ)「첫재어찌꼴」(—아、—어)에 붙는 것:

보다(해보기—試行)

자네 한번 자행거를 타아 보게。

버리다(끝남—終結)

지저분한 것은 치워 버린다。

지다(입음—可能、自成)

하루에 한 필씩은 짜아 진다。

가다(나아감—進行)

그 일이 잘되어 갑니다。

(ㄴ) 「둘재어찌끝」(—게)에 붙는 것:

하다(시김)

모든 사람들은 이 길로 가게 한다。

되다(입음—절로됨)

그 때에 두 사람이 처음으로 서로 만나게 되었다。

(ㄷ) 「셋재어찌끝」(—지)에 붙는 것:

말다(말림—禁止)

새야 새야 파랑새야 녹두 낡에 앉지 말라。

아니하다(지움—否定)

흐르는 물은 一時도 쉬지 않는다。

이름꼴(名詞形)에 붙는것

(2) 이름꼴에 붙는 것:

하다(그리녀김—是認)

날마다 가기는 합니다。

어떤꼴(冠詞形)에 붙는 것

(3) 어떤꼴에 붙는 것:

척하다(체하다)(거짓부림—假飾)

그는 항상 제가 아는 척한다。

양하다(거짓부림)

나는 모른 양하였다。

(4) 매는꼴에 붙는 것.

하다 (마땅함—當爲)

青年은 生氣가 있어야 한다。

익힘

一、도움움즉씨란 무엇인가、보기를 들어 풀이하라。

二、다음의 도움움즉씨를 가지고 각각 월 하나씩을 지어 놓고、그 도움움즉씨가 그 으뜸되는 풀이씨의 어떠한 꼴에 붙어 쓰히는가를 말하라。

지다。하다(시김)。하다(마땅함)。하다(그리녀김)。척하다。아니하다。보다。

말다。못하다。

일곱재 조각 제움즉씨와 남움즉씨

一、(1) 아이가 놀다。불이 붙었다。물이 흐른다。

(2) 아이가 책을 읽는다。生徒가 鉛筆을 깎는다。壽男이가 꽃을 구경한다。

우의 (1) 놀다 붙다 흐르다는 제홀로 말뜻을 이루었으며、(2) 읽다 깎다 구경한다는 제홀로는 말뜻을 다 이루지 못하고、책을 鉛筆을 글씨를의 도움을 입어서 비로소 그 말뜻을 이루었다。

남움즉씨(他動詞)

읽다 깎다 구경하다와 같이 무엇을에 잇는 움즉씨를 **남움즉씨**라 하고、놀다 붙다 흐르다와 같이 무엇을에 잇지 아니하는 움즉씨를 **제움즉씨**라 한다。

제움즉씨(自動詞)

남움즉씨는 다른 것을 부리는(使用하는、支配하는) 움즉임을 나타내는 움즉씨이니、그 우의 무엇을은 그 부리어 지는 것을 들어내는 것이다。제움즉씨는 다른 것을 부리는 일이 없는 움즉임을 나타내는 움즉씨이니、따라 그 부리어 지는 것을 들어내는 무엇을도 없다。

제움즉씨와 남움즉씨와의 끌

◎여기에 부림(使用、支配)이라 함은 主觀的으로 넓게 뜻잡을(解釋할) 것이니、「잠을 자다。」「서울을 떠나다。」「하루 百里를 걷다。」「말을 타다。」의 자다 떠나다 걷다 타다도 다 남움즉씨이니라。

二、제움즉씨와 남움즉씨가 같은 끌로 된 것도 있고、다른 끌로 된 것도 있다。

(1) 같은 끌인 것:

놀다 { 아이들이 놀다。(제)
동무들과 윷을 놀다。(남)

불다 { 바람이 불다。(제)
아이가 피리를 불다。(남)

자다 { 갖난이가 자다。(제)
아이가 잠을 자다。(남)

(2) 다른 꼴로 된 것:

일어나다。나는 여섯 時에 일어나다。(제)
이르키다。자는 사람들을 이르키다。(남)

나다。돈이 많이 나다。(제)
내다。돈을 많이 내다。(남)

낫다。병이 낫다。(제)
낫우다。병을 낫우다。(남)

익힘

一、다음의 글월에서 움즉씨를 가려 내어서 그 제와 남을 가르라。

(ㄱ) 蓬湖江 건너서서 芳華山을 찾아 드니、
임 심은 老杏 밑에 頹落한 옛 집 하나、
忠武公 靈을 뫼오신 故宅이라 하더라。

(ㄴ) 아이들이 팽이를 돌리니、팽이는 자꾸 돌아 간다。

(ㄷ) 田園에 봄이 드니、할 일이 전혀 많의、
꽃낡은 뉘 옮기며、藥밭은 언제 갈리、
아이야 대비(어) 오나라、사립 먼저 결으리라。

二、다음의 각각의 움즉씨를 제움즉임과 남움즉임의 두 가지로 써서 두 가지의 월을 지으라。

웃다。놀다。떨다。보다。날다。

여덟재 조각 움즉씨의 시김법

(1) 어머니가 아들을 공부시기다。

(2) 순사가 사람을 지나가게 하다。

우의 보기에서 그 實際的 움즉임은

(1) 아들이 공부하다。

(2) 사람이 지나가다。

이요、어머니와 순사는 다만 이러한 움즉임을 시기는 일을 한다。이와 같이 남에게 어떠한 움즉임을 시기는 뜻을 나타내는 법을 움즉씨의 시김법이라 한다。

움즉씨의 시김법 (動詞의 使役法)

움즉씨의 시김법에는 다음의 세 가지가 있다。

첫재시김법 (第一使役法)

(一) **첫재시김법** 은 어떠한 움즉씨에 시김의 뜻을 나타내는 도움줄기 이 우 기 따위를 더하여서 만든다。

이。어머니가 아이에게 젖을 먹이다。(아이가 젖을 먹다。)
　누나가 동생에게 그림을 보이다。(동생이 그림을 보다。)

우。그릇을 비운다。(그릇이 비다。)

기。돈을 남기다。(돈이 남다。)

히。옷을 입히다。(옷을 입다。)

리。 아이들이 팽이를 돌리다。(팽이가 돌다。)

둘재시김법 (第二使役法)

(二) **둘재시김법** 은「하다 따위 움즉씨」에만 쓰히는 것인데、그 **하다**의 대신에 시기다를 더하여 만든다。

主人이 머슴을 일시기다。(머슴이 일하다。)

先生이 生徒를 注意시기시다。(生徒가 注意하다。)

셋재시김법 (第三使役法)

(三) **셋재시김법** 은 모든 움즉씨에 두루쓰히는 법이니、움즉씨의 껌목법 어찌꼴 ○○게 알에 도움움즉씨 하다를 더하여 만든다。

일하는 사람에게는 밥을 먹게 하다。(일하는 사람이 밥을 먹다。)

모든 사람을 일하게 하다。(모든 사람이 일하다。)

來週부터 이 마당에서 運動하게 하다。(運動하다。)

◎첫재시김법은 모든 움즉씨에 다 쓰히는 것도 아니며、그 쓰히는 것도 一定한 본

(法)이 없을뿐더러、그 뜻조차 아주 시김의 뜻을 떠나서 單純한 움즉임으로 쓰히는 일이 많으니、차라리 한 낱의 씨로 봄이 좋을 것이니라。

익힘

一、움즉씨의 시김법이란 무엇이냐。

二、움즉씨의 시김법의 세 가지를 풀이하라。

三、다음의 각각의 움즉씨를 가지고 시김의 뜻으로 월을 둘씩(혹은 하나)을 지으라。

쓰다。開拓하다。잡다。숨다。사랑하다。

아홉재 조각 움즉씨의 입음법

(1) 범이 捕手한테 잡히다。

(2) 큰물이 막아 지다。

우의 보기에서 그 으뜸되는 움즉임은

움즉씨의 입음법(動詞의 被動法)

(1) 捕手가 범을 잡다。

(2) (사람들이) 큰물을 막다。

이요、범과 큰물(洪水)은 그 움즉임을 입은 것이다。이와 같이 남의 움즉임을 입는 뜻을 나타내는 법을 움즉씨의 입음법이라 한다。

움즉씨의 입음법에는 다음의 세 가지가 있다。

첫재입음법(第一被動法)

(一) **첫재입음법** 은 움즉씨에 입음 도움줄기 히 혹은 기를 더하여 만든다。

히。事實이 적히다。(事實을 적다。)

아이가 어머니에게 업히다。(어머니가 아이를 업다。)

앞문이 닫히다。(앞문을 닫다。)

장독이 덮히다。(장독을 덮다。)

◎어떤 소리 알에서는 「히」가 똑똑하지 못함이 있으되、「입음」으로서는 「이」나 「리」가

아니요 「히」임은 지울수없는 것이다。이를테면

金이 李에게 돈을 쓰이니까(시김) 요새는 李가 돈이 많이 쓰힌다(입음)고 옴살을 지진다。

보이는(시김) 편지도 어두어서 잘 보히지(입음) 아니한다。

일부러 해 들리는(시김) 이야기도 시끄러워서 잘 들히지(입음) 아니하는구나。

에서 쓰이다와 쓰히다、보이다와 보히다、들리다와 들히다가 그뜻이 서로 다름과 같은 것이다。그러나 오늘날 形便의 便宜를 따라 「이」나 「리」로 적는 것도 一般으로 許容되어 있다。

기。 실이 얼레에 감기다。(실을 얼레에 감다。)

그 애가 쫓겨 나가다。(그 애를 쫓아 내다。)

오늘은 고기가 잘 낚긴다。(오늘은 고기를 잘 낚는다。)

◎「끼」알에서는 「기」의 「ㄱ」이 잘 들어나지 아니하나、「입음」으로서는 「이」가 아니요 「기」임은 지울수 없는 通則이다。이를테면

늙은 漁父에게 고기를 낚이었으나(시김) 오늘은 물세가 나빠서 도모지 고기가 잘 낚기지(입음) 아니한다。

에서 낚이다(시김)와 낚기다(입음)가 서로 다름과 같다。 그러나 오늘날의 便宜를 따라서 이러한 경우의 입음의 「기」를 「이」로 적는 것도 一般으로 許容되어 있다。

둘재입음법(第二被動法)

(二) **둘재입음꼴** 은 「하다 따위 움즉씨」에만 쓰히는 것이나、그 하다 대신에 되다 혹은 당하다 혹은 받다를 더하여 만든다。

되다。 그가 까닭없이 監禁되다。(그를 까닭없이 監禁하다。)

당하다。 그가 餘地없이 反駁당하다。(그를 餘地없이 反駁하다。)

받다。 그 老人이 온 洞內 사람에게 尊敬받다。(온 洞內 사람이 그 老人을 尊敬하다。)

셋재입음법(第三被動法)

(三) **셋재입음꼴** 은 모든 움즉씨에 두루쓰히는 법인데、움즉씨의 겸목법의 어찌꼴 ○○아(○어、○여)에 입음의 뜻을 나타내는

도움움즉씨 지다를 더하여 만든다。

문이 닫아 지다。

科學을 가지고 迷信이 打破해 지다。

그 일은 도모지 잊어 지지 아니한다。

익힘

一、움즉씨의 입음법이란 무엇이냐。

二、움즉씨의 입음법의 세 가지를 풀이하라。

三、다음의 움즉씨를 가지고 입음의 월을 둘씩(혹은 하나씩)을 지으라。

먹다。접다。벗다。結縛하다。짐작하다。

열재 조각 움즉씨의 때매김

열두가지의 때매김 (十二時制)

움즉씨의 때매김을 먼저 으뜸때、마침때、이음때、이음의 마침

으뜸때(基本時)

이제(現在)

지난적(過去)

올적(未來)

때의 네 가지로 가르고, 다시 그 각 가지를 이제, 지난적, 올적의 세 가지씩으로 가른다。 그리하여 모두 열 두 가지의 때매김이 된다。

一、**으뜸때** 란 것은 모든 때매김의 으뜸이 되는 때매김을 이름이니, 이에는 **이제**, **지난적**, **올적** 의 세 가지가 있다。

(1) **이제** 으뜸끌은 그대로 **이제**의 때매김을 나타낸다。

글을 읽다。

내를 막다。

(2) **지난적** 이제끌(現在形)에 지난적 때도움줄기 았이나 었을 더하면 **지난적**이 된다。

글을 읽었다。

내를 막았다。

(3) **올적** 이제끌에 올적 때도움줄기 겠을 더하면 **올적**이 된다。

글을 읽겠다。

내를 막겠다。

마침때 (完了時)

二、마침때 란 것은 움즉임을 막 마쳤음을 보이는 때매김을 이름이니、이에도 **이제**、**지난적**、올적 의 세 가지가 있다。

이제마침 (現在完了)

(1) **이제마침** 이제끝에 마침의 때도움줄기 었이나 았을 더하면 **이제마침**이 된다。(지난적과 그 끝이 같다。)

글을 읽었다。

내를 막았다。

지난적마침 (過去完了)

(2) **지난적마침** 이제마침끝에 지난적 때도움줄기 었을 더하면 **지난적마침**이 된다。

글을 읽었었다。

내를 막았었다。

올적마침 (未來完了)

(3) **올적마침** 이제마침끝에 올적 때도움줄기 겠을 더하면 올적마침이 된다。

글을 읽었겠다。

내를 막았겠다。

이음때 (繼續時)

三、**이음때** 란 것은 움즉임이 그치지 않고 이어감을 나타내는 때매김을 이름이니、이에도 **이제**、**지난적**、**올적** 의 세 가지가 있다。

이제이음 (現在繼續)

(1) **이제이음** 어찌꼴 ○고에 있다를 더하면 **이제이음**이 된다。

글을 읽고 있다。

내를 막고 있다。

이제이음은 이보다도 이제이음의 때도움줄기 ㄴ이나 는을 더하여 만듦이 예사이다。

글을 읽는다。

山을 바라본다。

지난적이음 (過去繼續)

(2) **지난적이음** 이제이음끝의 ○고 있다에 지난적 때도움줄기 었을 더하면 **지난적이음**이 된다。

글을 읽고 있었다。

山을 바라보고 있었다。

올적이음 (未來繼續)

(3) **올적이음** 이제이음끝의 ○고 있다에 올적 때도움줄기 겠을 더하면 **올적이음**이 된다。

글을 읽고 있겠다。

山을 바라보고 있겠다。

이음의마침때 (繼續完了時)

四、이음의 마침때 란 것은 이어 가던 움즉임을 막 마쳤음을 나타내는 때매김을 이름이니、이에도 **이제、지난적、올적** 의 세 가

지가 있다。

이제이음의 마침(現在繼續完了)

(1) **이제이음의 마침** 이제이음꼴 ◯고 있다에 마침의 때도움줄기 었을 더하면 이제이음의 마침이 된다。(지난적이음과 그 꼴이 같다。)

글을 읽고 있었다。

달을 구경하고 있었다。

지난적이음의 마침(過去繼續完了)

(2) **지난적이음의 마침** 이제이음의 마침꼴에 지난적 때도움줄기 었을 더하면 지난적이음의 마침이 된다。

글을 읽고 있었었다。

달을 구경하고 있었었다。

올적이음의 마침(未來繼續完了)

(3) **올적이음의 마침** 이제이음의 마침꼴에 올적 때도움줄기 겠을 더하면 올적이음의 마침이 된다。

글을 읽고 있었겠다。

달을 구경하고 있었겠다。

우리 조선사람은 말의 때매김에 對하여 明確한 觀念이 不足한 것 같은 점이 있다。 우리는 우의 말본에 依하여 때를 똑똑이 나타냄이 매우 必要하다고 하노라。

익 힘

一、으뜸때란 무엇이냐。또 그 갈래를 풀이하라。

二、마침때란 무엇이냐。또 그 갈래를 풀이하라。

三、이음때란 무엇이냐。또 그 갈래를 풀이하라。

四、이음의 마침때란 무엇이냐。또 그 갈래를 풀이하라。

五、다음의 각 움즉씨로써 열 두 가지의 때매김에 들어맞후어서 열 두 월을 지으라。

보다。 주다。

어떻씨의끝바꿈과법(形容詞의活用과法)

끝바꿈(活用)

세가지의법

여섯재 가름 어떻씨

첫재 조각 어떻씨의 끝바꿈과 법

一、바다가 깊다。」 바다가 깊으냐?

바다가 매우 깊어 보힌다。

여기는 깊지 아니하다。

바다가 깊으니、고기가 크다。

우에 보인 깊다와 같이 어떻씨도 그 쓰힘을 따라 끝바꿈(活用)을 한다。

二、어떻씨의 끝바꿈에도 움즉씨의 그것과 같이 세 가지의 법이 있다。

마침법(終止法)

마침법

山이 높다。」 山이 높으냐?」 山이 높구나。

껌목법(資格法)

껌목법

저 산이 매우 높아 보힌다。」 담을 높게 쌓는다。」 집이 그리 높지 못하다。

이음법(接續法)

이음법

德이 높으니、萬人이 따른다。」 눈은 높고、손은 낮다。」 자리는 높아도、사람은 시원ᄒᆞ지 못하다。」 이름이 높을수록 머리를 낮훈다。

어떻씨의끝(形容詞의形)

둘재 조각 어떻씨의 끝

一、어떻씨가 세 가지의 법으로 끝바꿈함은 저 움즉씨와 같다。

어떻씨의끝
이움즉씨의
끝과다른것

그러나 그 끝은 서로 다름이 있으니, 대략 다음과 같은 것이다。

(1) 어떻씨의 마침법에는 시김끝과 꾀임끝이 없다。

	어떻씨(말이 안 된다。)	움즉씨
시김끝	동무야 기뻐라。(×)	동무야 가거라。기뻐하라。
꾀임끝	동무야 기쁘자。(×)	동무야 가자。기뻐하자。

(2) 어떻씨의 껌목법에는 ○○고(넷재어찌끝)가 없다。

어떻씨(말이 안 된다。)	움즉씨
나는 기쁘고 싶다。(×)	나는 기뻐하고 싶다。
슬프고 싶지 않다。(×)	슬퍼하고 싶지 않다。
어머니가 슬프고 있다。(×)	어머니가 슬퍼하고 있다。

(3) 어떻씨의 이음법에는 목적끝 끄어옴끝이 없다。

얼골이 희러 왔다。(×) (얼골이 희어 지러 왔다。)

◎끄어옴꼴은 말한다 와 같은 움즉씨에만 限한 것인즉, 어떻씨에 그것이 없을 것은 환한 일이니라。

◎하렴꼴도 잘 쓰히지 아니하느니라。

二、그러하여 어떻씨의 꼴을 벌려 들면 다음과 같다。

첫재、마침법의 꼴

어떻씨의 꼴의 갈래	
베픎꼴 (敍述形)	(1) 베픎꼴 ㅣ다、ㅣ네、ㅣ소、ㅣ(읍·습)니다。 달이 밝다。」 달이 밝네。 달이 밝소。」 달이 밝읍니다。
물음꼴 (疑問形)	(2) 물음꼴 ㅣ(으)냐、ㅣ(으)ㄴ가、ㅣ소、ㅣ(읍·습)니가。 달이 밝으냐?」 달이 밝은가? 달이 밝소?」 달이 밝습니가?
느낌꼴 (感動形)	(3) 느낌꼴 ㅣ구나。

어찌꼴 (副詞形)	어떤꼴 (冠形詞形)	이름꼴 (名詞形)

달이 밝구나!

둘재、껌목법의 꼴

(1) 어찌꼴 ㅣ아、ㅣ게、ㅣ지。

그 불이 밝아 보힌다。

달이 밝게 비치었소

보름달이 밝지 아니하냐?

(2) 어떤꼴 ㅣ(으)ㄴ、ㅣ(으)ㄹ

달이 밝은、좋은 밤을 이야기나 하고 샐가。

달이 밝을 적에 놀러 오시오。

(3) 이름꼴 ㅣ(으)ㅁ、ㅣ기。

보름달이 밝음이 도리어 나쁘다。

보름달이 밝기가 낮과 같다。

셋재、이음법의 끌

(1) 매는끌 (매는끌 (拘束形)) ㅣ(으)면、ㅣ(으)니、ㅣ아야(어야)。

달이 밝으면、별이 숨는다。

달이 밝으니、詩情이 절로 인다。

불이 밝아야、공부를 하지。

(2) 안매는끌 (안매는끌 (不拘形)) ㅣ더라도、ㅣ(으)ㄹ망정、ㅣ아도(어도)、ㅣ렷마는。

달이 밝더라도、나는 갈 수 없겠다。

제 속은 아모리 밝을망정、남 보기에는 바보 같으이。

달이 아모리 밝아도、흐린 낯만 못하다。

中天에 솟은 저 달은 예나 제나 한가지로 밝으렷마는、어찌다 우리들은 생각조차 막혔는고。

(3) 벌림끌 (벌림끌 (羅列形)) ㅣ고、ㅣ며。

달은 밝고、별은 드문데、가마귀 南으로 난다。

마음은 밝으며、얼골은 아름답다。

풀이꼴 (說明形)

(4) **풀이꼴** ―(으)ㄴ데。

달은 밝은데、찾아 오는 사람은 하나도 없고、뜰앞에 가을 버레의 소리만 亂珠같이 요란하다。

가림꼴 (選擇形)

(5) **가림꼴** ―거나、―든지。

달이야 밝거나 말거나 내버려 두어라。

미침꼴 (到及形)

(6) **미침꼴** ―도록。

날이 밝도록 놀았다。

옷이 시꺼멓도록 입었다。

그침꼴 (中斷形)

(7) **그침꼴** ―다가。

불이 밝다가 어둡다。

마음이 좋다가 궂다。

(8) 되풀이꼴 (反覆形) ㅣ락。

낯이 붉으락 히락 한다。

(9) 잇달음꼴 (連發形) ㅣ자。

옷이 검자、마전군이 왔다。

(10) 견줌꼴 (比較形) ㅣ거든。

이것도 크거든、더구나 그것이야 말해 무엇하나。

(11) 더보탬꼴 (添加形) ㅣ(으)ㄹ뿐더러。

달이 밝을뿐더러 강물이 잠잠하기로、우리는 배를 타고 中流로 나갔다。

(12) 더해감꼴 (益甚形) ㅣ(으)ㄹ수록。

벼 이삭은 낟알이 많을수록 고개를 숙인다。

(13) 뒤집음꼴 ㅣ던들。

어북 돈이 많던들 큰일 났겠다。

익힘

一、다음의 어떻씨의 끝바꿈틀(活用表)을 만들라。

굳다、늦다、열다、높다。

二、다음의 글월에서 어떻씨를 가려 내어서、먼저 그 으뜸꼴을 보이고、다음에 그것이 그 으뜸꼴의 무슨 법、무슨 꼴임을 가리키라。

(ㄱ) 소를 느리다 고 하는가。재빠르기야 벼룩 같은 짐승이 또 있으랴。고양이는 그 다음 으로나 갈가。소를 어리석다 고 말라。약빠르고 꾀 있기로야 여우 같은 놈이 또 있나。

(ㄴ) 돈이 많지마는 그것을 잘 쓸 줄을 모르며、나히는 아직 젊되 그 젊음의 귀한 값을 다하지 못하니、답답하기 그지없도다。

(ㄷ) 꽃은 四山에 붉게 피고、맑은 물은 앞내에 가득 차니、놀기 좋은 이 봄철、

기쁘지 아니한가。

(ㄹ) 그리 바쁜 일 이 없거든、늦도록 놀다가 가시오。
아니오、오늘 은 몸 도 아플뿐더러 집 에 소관 이 있으니까、곧 가야 하겠읍니다。

(ㅁ) 날세 야 좋거나 궂거나 상관할 것 없소。차라리 궂을수록 안 갈 수 없지요。

(ㅂ) 몸 이 튼튼하면、精神 이 깨끗하며、學校 成績 도 좋아 지느니라。

(ㅅ) 몸 은 적을망정、속 조차 적을소냐。

(ㅇ) 날 이 좋았던들、眼界 가 퍽 넓고 도 아름다왔을 것을。

(ㅈ) 그 구경을 잘하자면、하루 도 나쁘겠거든、하물며 三十 分 도 못되는 동안 이랴。

(ㅊ) 앞뜰 의 흰 당국화 는 날 이 어둡자 더욱 아름답다。

(ㅋ) 가을 하늘 이 맑고 높은데、한 점 구름도 없이、둥근 달 만 中天 에 밝아 있다。

(ㅌ) 사흘 까지는 날 이 흐리다가、오늘 처음으로 좋다。

(ㅍ) 날세 가 흐리락 좋으락 하니、떠날 수 가 있어야 지。

여덟가지의 벗어난어떻씨 (八種의變格形容詞)

셋재 조각 벗어난 끝바꿈 어떻씨 또는 벗어난 어떻씨

어떻씨에도 벗어난 끝바꿈(變格活用)이 있다。그 갈래는 여덟 가지인데、그중에 (1)ㄹ 벗어난 끝바꿈、(2)ㅅ 벗어난 끝바꿈、(3)「으」벗어난 끝바꿈、(4)ㅂ 벗어난 끝바꿈、(5)「여」벗어난 끝바꿈、(6)「러」벗어난 끝바꿈、(7)「르」벗어난 끝바꿈의 일곱 가지는 그 끝바꿈함이 움즉씨의 그것들과 꼭 같으며、(8)ㅎ 벗어난 끝바꿈만이 움즉씨에서는 없는 것이다。

◎움즉씨에 있던 ㄷ 벗어난 끝바꿈과 「거라」벗어난 끝바꿈과 「너라」벗어난 끝바꿈은 어떻씨에는 없느니라。

ㄹ벗어난어떻씨 (ㄹ變格形容詞)

一、ㄹ 벗어난 끝바꿈 어떻씨

멀다(遠) 머니、먼 길

ㅅ벗어난어떻씨(ㅅ變格形容詞)

ㄱ
- 멀고
- 멀면
- 멀지
- 멀어

ㄴ
- 머시다
- 머ㅂ니다
- 머오

ㄹ 벗어난 어떻씨에는 또 길다(長) 멀다(遠) 달다(甘) 잘다(小) 질다(濕) 따위가 있느니라。

二、ㅅ 벗어난 끝바꿈 어떻씨

낫다(勝、好)

ㄱ
- 낫고
- 낫네
- 낫소
- 낫지

ㄴ
- 나아
- 나으니、나으면
- 나으오

三、「으」벗어난 끝바꿈 어떻씨

ㄱ
- 슬프다(悲)
- 슬프니
- 슬프고

ㄴ
- 슬퍼(슬프어)
- 슬퍼야(슬프어야)
- 슬펐다(슬프었다)

「으」벗어난 어떻씨에는 또 크다 슬프다 아프다 고프다 이쁘다 가쁘다 따위가 있느니라。

四、ㅂ 벗어난 끝바꿈 어떻씨

ㄱ
- 덥다(暑)
- 덥나
- 덥소
- 덥고
- 덥지

ㄴ
- 더워(덥어)
- 더워야(덥어야)
- 더우니(덥으니)
- 더울(덥을)
- 더움(덥음)

ㅂ 벗어난 어떻씨에는 또 춥다 곱다 무겁다 가볍다 즐겁다 아름답다 슬기롭다 따위가 있느니라。

◎굽다(曲) 좁다(狹)는 바른 어떻씨이니라。

「여」 벗어난 어떻씨 (여變格形容詞)

五、「여」 벗어난 끝바꿈 어떻씨

ㄱ	ㄴ
착하다(善)	착하여
착하오	착하여야
착하니	착하여도
착하고	착하였다

「여」 벗어난 어떻씨에는 또 정하다 깨끗하다 반듯하다 高潔하다 眞實하다 緻密하다 따위가 있느니라。

「러」 벗어난 어떻씨 (러變格形容詞)

六、「러」 벗어난 끝바꿈 어떻씨

푸르다(靑)

「르」벗어난 어떻씨 (르變格形容詞)

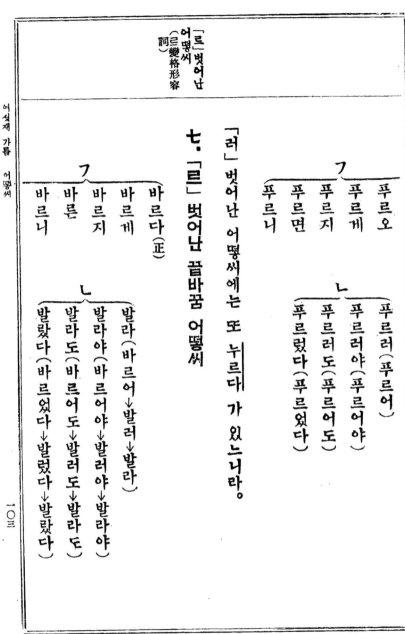

ㄱ
- 푸르오
- 푸르게
- 푸르지
- 푸르면
- 푸르니

ㄴ
- 푸르러(푸르어)
- 푸르러야(푸르어야)
- 푸르러도(푸르어도)
- 푸르렀다(푸르었다)

「러」벗어난 어떻씨에는 또 누르다 가 있느니라。

七. 「르」 벗어난 끝바꿈 어떻씨

ㄱ
- 바르다(正)
- 바르게
- 바르지
- 바른
- 바르니

ㄴ
- 발라(바르어→발러→발라)
- 발라야(바르어야→발러야→발라야)
- 발라도(바르어도→발러도→발라도)
- 발랐다(바르었다→발렀다→발랐다)

ㅎ벗어난어떻씨 (ㅎ變格形容詞)

바르오

「르」 벗어난 어떻씨에는 또 가파르다 너르다 게으르다 그르다 다르다 부르다(飽) 따위가 있느니라。

八、ㅎ 벗어난 끝바꿈 어떻씨──그 으뜸꼴의 줄기의 끝소리가 ㅎ 받침으로 된 어떻씨 가운대에 그 ㅎ이 ㄴ·ㄹ·ㅁ 우에서 줄어지는 어떻씨를 이름이다。

ㄱ
- 노랗다(黃)
- 노랗소
- 노랗아
- 노랗지
- 노랗고

ㄴ
- 노라네
- 노라니
- 노란
- 노랄
- 노라면

◎ㅎ으로 끝진 줄기의 어떻씨는 거의 다 ㅎ 벗어난 어떻씨이니、그 보기말이 많다。

이를테면

가맣다、 말갛다、 발갛다、 파랗다、 하얗다、 깊다랗다、 뽀얗다

의 따위이니라。

◎「좋다」 하나만은 바른 어떻씨이니、

좋다、 좋네、 좋으니、 좋은、 좋을、 좋으면、 좋읍

과 같이 끝바꿈하느니라。

익힘

一、 벗어난 어떻씨의 갈래를 모주리 들라。

二、 다음의 글월에서 어떻씨를 가리어 내어、 그 으뜸꼴과 그 끝바꿈의 갈래와 그 꼴을 말하라。

(ㄱ) 天下 에서 千百 의 친구 를 얻기 는 쉽되、 一個 의 知己 를 얻기 는 어려우니라。

(ㄴ) 그런데 소 는 어떠한가。 그 는 말 의 못믿음성 도 없고、 여우 의 간교함、 사자

의 교만함、호랑이 의 엉큼스러움、곰 의 직하기 는 하지마는 무지한 것、코끼리 의 추하고 능걸능걸함、기린 의 외입장이 같음、하마 의 못생기고 세 몸 잘못 거둠、이런 것 이 다 없고、어디 로 보더라도 덕성스럽고 복성스럽다。

(ㄷ) 들 빛 이 누르니、배 가 절로 부르고、산 빛 이 붉으니、맘 이 절로 슬프도다。

(ㄹ) 人生 은 짜르고、藝術 은 길다。

(ㅁ) 풀 은 푸르고 길 은 먼데、저녁 해 는 西山 에 기운다。

(ㅂ) 내 가 나으니、네 가 못하니、하지 말고、제가끔 일 을 해 보여라。

넷재 조각 도움어떻씨

一、나는 世界的 發明家가 되고 싶다。

그 아이가 게으르지 아니하다。

저것이 通川 叢石亭인가 보오。

우의 보기에서 싶다는 움즉씨 되고 알에、아니하다는 어떻씨 게

도움어떻씨(補助形容詞)

도움어떻씨의갈래

어찌꼴(副詞形)에붙는것

으르지 알에、보오는 잡음씨인가 알에 쓰히어서 각각 그 우의 풀이씨의 뜻을 여러 가지로 돕는다。이와 같이 어떤 으뜸되는 풀이씨 알에 붙어서 그 풀이씨의 뜻을 도와서 完全한 풀이말이 되게 하는 한 갈래의 어떻씨를 **도움어떻씨**라 한다。

二、도움어떻씨는 그 우의 으뜸되는 풀이씨의 어떠한 끝바꿈꼴에 붙는가를 따라、(1)어찌꼴에 붙는 것、(2)이름꼴에 붙는 것、(3)어떤꼴에 붙는 것、(4)물음꼴에 붙는 것의 네 가지로 기른다。

(1) **어찌꼴에 붙는 것**：

(ㄱ)「○○지」(셋재어찌꼴)에 붙는 것：

아니하다

저 꽃은 아름답지 아니하다。

못하다

돌아가아 그물을 매는 것만 같지 못하다。

(ㄴ) 「○○고」(넷재어찌꼴)에 붙는 것:

싶다

나는 시골로 가고 싶다。

지다

보고 지고 보고 지고 우리 엄마 보고 지고。

이름꼴(名詞形)에 붙는것

(2) 이름꼴에 붙는 것:

즉하다

그 파실이 먹음 즉하다。

어떤꼴(冠形詞形)에 붙는 것

(3) 어떤꼴에 붙는 것:

듯하다

비가 올 듯하다。

만하다

너도 그리할 만하다。

물음꼴(疑問形)에 붙는것

(4) 물음꼴에 붙는 것.

싶다

그게 옳은가 싶다。

보다

저것이 牧丹인가 보다。

익힘

一、도움어떻씨란 무엇인가。보기를 들어 풀이하라。

二、도움어떻씨를 그 쓰힘으로써 갈래를 가르고、각기 보기말을 하나씩 들라。

三、다음의 도움어떻씨를 가지고 월을 하나씩을 지으라。

싶다。아니하다。즉하다。보다。듯하다。

어떻씨의때매김(形容詞의時制)

다섯재 조각 어떻씨의 때매김

어떻씨의 때매김(時制)에는 으뜸때와 마침때의 두 가지만이 있다。

一、으뜸때

(1) 이제 밤이 길다。물이 맑다。

(2) 지난적 밤이 길었다。물이 맑았다。

(3) 올적 밤이 길겠다。물이 맑겠다。

二、마침때

(1) 이제마침 (지난적과 같음) 밤이 길었다。

(2) 지난적마침 밤이 길었었다。물이 맑았었다。

(3) 올적마침 밤이 길었겠다。물이 맑았겠다。

◎어떻씨에는 이음때와 이음의 마침때가 없음이 저 움즉씨와 다른 보람(特徵)이니、우

리가 움즉씨와 어떻씨를 區別하려 할 적에는 항상 그 이제이음(現在繼續)의 있고 없음으로써 하나니、이를테면

(ㄱ) 때가 이른다(到)。가지 아니한다。

(ㄴ) 때가 이르다(早)。크지 아니하다。

에서 (ㄱ)의 이른다 아니한다는 움즉씨이로되、(ㄴ)의 이르다 아니하다는 어떻씨임과 같으니라。

익힘

一、어떻씨의 때매김에는 몇 가지가 있느냐。그 이름을 벌려 들라。

二、어떻씨와 움즉씨를 가를 적에 便利한 보람(特徵)이 되는 것이 무엇인가。

三、다음의 어떻씨를 가지고 모든 때매김을 나타내는 월을 지으라。

높다。따뜻하다。아름답다。발갛다。

일곱재 가름 잡음씨

첫재 조각 잡음씨의 끝바꿈과 법

잡음씨의 끝바꿈과 법 (指定詞의 活用과 法)

一、 이것이 숫돌이다。」 저것이 숫돌이냐?

그것도 숫돌이면 좋겠다。」 그것이 숫돌인 모양이다。

끝바꿈 (活用)

우에 보인 이다、 이냐、 이면、 인은 다 이다의 끝이 달라진 것이다。 이와 같이 잡음씨도 그 쓰힘을 따라 끝바꿈을 한다。

◎잡음씨 이다 의 줄기 이는 홀소리 알에서는 發音의 簡便을 爲하여 흔히 줄어지는 일이 있나니、 이를테면

이것이 밥나무다。

저것이 네 책보냐。

그것이 너의 學校면 집에서 가깝구나。

에서 다는 이다의、 냐는 이냐의、 면은 이면의 준 것이니라。

二、잡음씨의 끝바꿈에도 움즉씨와 어떻씨의 그것과 같이 세 가지의 법이 있다。

마침법

이것이 내 책이다。」 그것은 네 책이냐?

저것은 그 사람 것이로구나!

껌목법

血氣 旺盛한 靑年인 그는 그 꼬락서니를 앉아 보고만 있을 수가 없었다。

그게 자네 것이기(이기가) 쉽네。

이음법

오늘이 보름인즉、달이 밝겠다。」 아모리 富者이라도、그 돈으로 平生에 해 놓은 事業이 없으면、무슨 소용이 있으리오。

잡음씨의끝(指定詞의形)

잡음씨의끝이움즉씨의끝과다른점

잡음씨의끝의갈래

베픎끝

둘재 조각 잡음씨의 끝

一、잡음씨가 세 가지 법으로 끝바꿈함은 저 움즉씨 어떻씨와 같다。 그러나 그 끝은 서로 다름이 있다。 어떻씨의 끝이 움즉씨의 끝보다 좀 갖지 못함은 우리가 앞에서 이미 보았거니와、잡음씨의 끝은 어떻씨보다도 더 갖지 못하다。 곧 잡음씨에는 첫재로 마침법에는 (1) 시김끝、(2) 꾀임끝이 없으며、둘재로 껌목법에는 (3) 어찌끝이 매우 不完全하며、셋재로 이음법에는 (4) 끄어옴끝、(5) 목적끝、(6) 하렴끝、(7) 미침끝、(8) 되풀이끝이 없다。

二、이제 잡음씨의 끝을 벌려 들면 대강 다음과 같다。

첫재、마침법의 끝

(1) 베픎끝 ㅣ다、ㅣ(더、러)라、ㅣ니라、ㅣ네、ㅣ오、ㅣ(ㅂ)니

다、ㅣ어、ㅣ지。

조선에서 가장 큰 山은 白頭山이다。白頭山이네。白頭山이오。白頭山입니다。白頭山이어。

물음꼴

(2) 물음꼴 ㅣ냐、ㅣ뇨、ㅣ(ㄹ、ㄴ)가、ㅣ오、ㅣ(ㅂ)니가、ㅣ어、ㅣ지。

저것이 九龍淵이냐? 九龍淵인가? 九龍淵이오? 九龍淵입니가? 九龍淵이지?

느낌꼴

(3) 느낌꼴 ㅣ로구나、ㅣ로다。

아、오래만이로구나!

둘재、껌목법의 꼴

어떤꼴

(1) 어떤꼴 ㅣ(으)ㄹ、ㅣ(으)ㄴ。

내가 그 學校의 敎師이었을 적에 그를 알게 되었다。

絕世의 英雄인 그도 하는수없이 孤島의 落日이 되고 말았다。

이름꼴

(2) 이름꼴 ㅣ(으)ㅁ、 ㅣ기。

그가 원시 소임을 어찌하랴。

파(아) 내는 돌마다 金이기를 바라리오。

셋재、 이음법의 꼴

매는꼴

(1) 매는꼴 ㅣ(으)면、 ㅣ(으)니、 ㅣ라야。

그게 銀이면、 이것은 金이겠다。

사람마다 名將이니、 무엇을 걱정하랴。

이 자리에는 普通 學校 卒業生이라야 쓰겠다。

안매는꼴

(2) 안매는꼴 ㅣ라도、 ㅣㄹ망정、 ㅣ지마는、 ㅣ려니와、 ㅣ로되。

五百 圓은 커녕 千 圓이라도 소용없어。

내가 無識한 사람일망정 行身은 너보다는 낫다。

떡은 떡이지마는 먹지 못하는 떡이 무엇이오?

그는 돈 때문이려니와、너는 또 무슨 까닭이 있나?

벌림꼴

(3) **벌림꼴** ㅣ요、ㅣ며、ㅣ고。

이것은 호콩이요(이고)、그것은 호도(이)요(이고)、저것은 왜콩이오(이다)。

世上은 바다이요、사람은 배이요、마음은 돛대이다。

개(이)며 닭이며 죄다 쫓겨 갔읍니다。

◎말본으로서는 마침법 「이오」와 이음법 「이요」와를 區別함이 옳다。그러나 便宜를 따라 마침법 「이오」도 「이요」로 적음을 一般으로 許容되어 있느니라。

풀이꼴

(4) **풀이꼴** ㅣㄴ데、ㅣ니。

이것이 그가 말하던 그것인데、물건은 꾀 잘 되었어요。

가림꼴

(5) **가림꼴** ㅣ거나、ㅣ든지。

그침꼴 잇달음꼴 견줌꼴 더보탬꼴 더해감꼴

그것이 팥이거나 콩이거나 심거 놓으시오。

(6) **그침꼴** ㅣ다가。

여태까지는 研究生이다가、올봄부터 講師가 되었읍니다。

(7) **잇달음꼴** ㅣ자。

그는 富者이자 才士이다。

(8) **견줌꼴** ㅣ거든。

三間半屋도 집이거든、이만하면 훌륭하지。

(9) **더보탬꼴** ㅣㄹ뿐더러。

元來 그가 鈍才일뿐더러、요새는 공부조차 아니했다니까、成績이 볼 것 없겠소。

(10) **더해감꼴** ㅣㄹ수록。

남의 指導者일수록 見識과 雅量이 많아야 한다。

(11) 뒤집음꼴 ㅣ던들。

어북 富者이던들 큰돈 썼을 게요。

익힘

一、다음의 잡음씨의 끝바꿈틀(活用表)을 만들라。

、 아니다。

二、다음의 글월에서 잡음씨를 가려 내어서、먼저 그 으뜸꼴을 보이고、다음에 그것이 그 으뜸꼴의 무슨 법、무슨 끝임을 가리키라。

(ㄱ) 金剛 이 무엇 이뇨、돌 이요 물 이로다。

(ㄴ) 연한 나무 가 아니요、물신물신한 밀가루 반죽 이 아니요、육중하고 단단한、돌을 가지고 야 저다지 도 곱고 어여쁘고 의젓하고 아름답고 빼어나고 공교롭게 잔손질 을 할 수 있으랴? 新羅 時節 의 건축술 도 또한 놀랄 것이 아니냐? (佛國寺 釋迦塔 記)

(ㄷ) 石窟 의 佛像 은 정말 千秋 의 傑作 이라 하겠다。神品 이란 이런 藝術 을 두

고 이름 이리라。

(ㄹ) 李白沙 先生 의 名 은 恒福 이요 白沙 는 그 別號 이니(인데)、弼雲洞 에 살았었는 故 로 弼雲 이라고 도 불렀었다。

(ㅁ) 오늘날 우리 세상 에 電燈 이 없으면 얼마나 갑갑하고 어두울 것 이며、蓄音器 活動寫眞 이 없으면 얼마나 심심할 것 이냐。이 는 다 에디손 의 努力 의 結果 가 아니고 무엇 이냐。

(ㅂ) 오늘 이 大暑 자 中伏 이다。

(ㅅ) 富 와 貴 도 나 의 좋아하는 바 아님 은 아니로되、仁 과 義 아니면 나 의 取ㅎ지 아니하는 바 이니라。

(ㅇ) 必要 가 發明 의 어미 랑。

(ㅈ) 그것 이 돌 이거나(이든지) 옥 이거나(이든지) 저 에게야 무슨 상관 이 있읍니가。그래서 저 는 그만 와 버렸지요。그것 이 만약 옥 이었던들 그네들 이야 단법석을 할 번했읍니다 그려。

(ㅊ) 一錢 도 돈 이거든、하물며 一圓 이랴?

(ㅋ) 「저 가 주장 인 모양 이어?」

「그런 모양 이지。」

(ㅌ) 그 가 똑똑한 자 일수록 그런 소리 는 아니하는 법 이지。

(ㅍ) 이 물건 은 갓자 일뿐더러 흠 조차 있으니까 살 수 없소。

잡음씨의때매김 (指定詞의 時制)

셋재 조각 잡음씨의 때매김

잡음씨의 때매김(時制)에는 으뜸때와 마침때의 두 가지가 있을 뿐이다。

(一) 으뜸때

(1) 이제 그가 나의 동생이다。

사람은 理性的 動物이다。

(2) 지난적 世宗大王은 李朝 第四世의 임금님이시었다。

(3) 올적 내일은 晴天이겠다。

(二) 마침때

(1) 이제마침 (지난적파 같음) 그가 富者이었다。

(2) 지난적마침 내가 그 學校 學生이었었다。

(3) 올적마침 그 때 쯤은 꽃이 한창이었겠다。

◎잡음씨의 때매김에 으뜸때와 마침때만이 있고 이음때와 이음의 마침때가 없음은 저 어떻씨와 같다。이와 같이 모든 점에서 잡음씨는 움직씨보다 어떻씨에 가까우니라。

익힘

一、잡음씨의 때매김에는 몇 가지가 있느냐。그 이름을 벌려 들라。

二、잡음씨 아니다 를 가지고 그 각 때매김을 나타내는 월을 하나씩 만들라。

어떤씨의쓰힘 (冠形詞의用法)

여덟재 가름 어떤씨의 쓰힘

헌 책상은 저리 놓고、새 책상은 이리 놓아라。

다른 사람은 그 일을 모릅니다。

午後 두 時에 세 사람이 같이 나갔읍니다。

우의 보기에서 어떤씨 헌 새 다른 그 두 세가 각각 임자씨의 우에서 그 뜻을 금하였다(限定하였다)。이와 같이 어떤씨는 임자씨의 우에서 그 뜻을 꾸미는 구실을 하는 것이다。

◎어떤씨는 반듯이 임자씨 우에 쓰히어 그 임자씨만을 꾸미고、결코 다른 씨를 꾸미는 일이 없느니라。

◎셈씨와 어떤씨와는 서로 다르기도 하고、같기도 하니、곧

셈씨——하나、둘、셋、넷、다섯、여섯、일곱、여덟、아홉、열、수물、설흔、백。

어떤씨──한、두、세(서、석)、네(녀、넉)、다섯(닷)、여섯(엿)、일곱、여덟、
아홉、열、수무(수물)、설흔、백。

◎움즉씨 어떻씨의 어떤꼴은 그 임자씨를 꾸미는 구실은 어떤씨와 다름이 없지마는、이는 아주 어떤씨된 것은 아닌즉 어떤씨라 고는 아니한다。이를테면

가는 사람마다 그 불상한 아이를 보고서 가엾은 마음을 품었다。

의──와 같은 것들이니라。

익힘

다음의 글월에서 어떤씨를 가려 내고、또 그것이 꾸미는 말을 보이라。

(ㄱ) 그 날 아침 에 반가운 소식 이 그 의 집 에서 왔다。

(ㄴ) 한 사람 이 좁쌀 을 두 되 팔아 갔소。

(ㄷ) 우리들 도 科學的 發明 을 많이 해서 世界的 貢獻 을 해야 합니다。

(ㄹ) 이 일 에는 다른 사람 은 도모지 관계하지 안했소。

(ㅂ) 새 해 에는 모든 일 이 뜻 같이 잘 되었으면 작히 좋으리。

어찌씨의 쓰힘 (副詞의 用法)

풀이씨 우에 쓰힘

아홉재 가름 어찌씨의 쓰힘

一、(ㄱ) 물이 쾅쾅 흐른다。

그가 자주 옵니다。

(ㄴ) 날세가 매우 덥습니다。

그는 몸이 퍽 튼튼합데다。

(ㄷ) 내가 번번이 첫재입니다。

이애가 天然제 아버지이다。

우의 보기에서 어찌씨 (ㄱ) 쾅쾅 자주는 움즉씨 흐른다 옵니다를 꾸미고、(ㄴ) 매우 퍽은 어떻씨 덥습니다 튼튼합데다를、(ㄷ) 번번이 天然은 잡음씨 입니다 이다를 꾸미었다。——이와 같이 어찌씨는 풀이씨 우에서 그 뜻을 꾸미는 것이다。

어찌씨우에 쓰힘

二、매우 멀리 보힌다。

조곰 천천히 읽어라。

어찌씨는 우의 매우 조곰과 같이 다른 어찌씨(멀리、천천히) 우에서 그 뜻을 꾸미는 것도 있다。

어떤씨우에 쓰힘

三、단 두 푼도 없소。

이 고기는 아주 날 고기이다。

어찌씨는 또 우의 단 아주와 같이 어떤씨(두、날)을 꾸미는 일도 있다。

여러씨가이은말우에쓰힘

四、결코 남을 속이지 말라。

겨우 하루 이틀의 수고가 아니다。

다만 집내기 잘못 한 탓으로 졌다。

어찌씨는 또 우의 결코 겨우 다만과 같이 풀이씨 노릇을 하는

월우에 쓰힘

말(속이지 말라)과 어떤씨 노릇을 하는 말(하루 이틀의)과 어찌씨 노릇을 하는 말(집내기 잘못 한 탓으로)에 붙어서 그 뜻을 꾸미는 일도 있다。

五、제발 비만 오너라。

실로 그는 時代의 寵兒이었다。

그러나 우리도 갑세다。

우의 제발 실로 그러나와 같이 어찌씨는 또 월의 첫머리에서 그 월 全體를 금하는 일도 있다。

◎움즉씨 어떻씨의 어찌꼴은 그 꾸미는 구실은 어찌씨 같지마는, 그것이 아주 어찌씨로 익어 버린 것이 아니면 어찌씨로 잡지 아니하나니, 이를테면

나는 걸어 왔소。

함박꽃이 아름답게 피었읍니다。

의 ——와 같은 따위는 다만 어찌꼴일 따름이요 어찌씨는 아니니라。

익힘

다음의 글월에서 어찌씨를 가려 내고, 또 그것이 꾸미는 말을 보이라。

(ㄱ) 나날이 궂은 비 가 몹시 도 옵니다。

(ㄴ) 어제 산 우산 은 너무 비쌉니다。

(ㄷ) 정술이 는 공부 를 썩 잘 합니다。

(ㄹ) 그 는 아침 마다 매우 일즉 일어난다。

(ㅁ) 달 도 또한 구름 으로 말미암아 훨신 그 美 를 더한다。

(ㅂ) 그러므로 사람 의 眞正한 값 은 그 의 죽은 뒤 에 라야 비로소 正確히 判定된 다 하나니라。

(ㅅ) 뜻 이 큰 사람 은 결코 目前 의 利害 에만 汲汲하여서 는 안 된다。

(ㅇ) 나 도 내일 꼭 감세。

(ㅈ) 수물 두 폭 구름차일 받쳤던 서발 장대 우지끈뚝닥 부러지며, 우리 들 의 머리 에 아주 홈벅 덮혀 뵈니, 답답한 일 볼 꿈 이오。

느낌씨 (感動詞)

열재 가름 느낌씨

一、아、오래만이올시다。

흥、그게 무슨 소리이오?

아차、잊었네。

우의 아 흥 아차는 느낌을 나타낸 말이니、느낌씨 가운대에 가장 代表的인 것들이다。

二、여보、이리 좀 오오。

네、저도 갈가 합니다。

재、댕겨라。

우의 여보 네 재와 같이 부르거나 대답하거나 꾀이거나 할적에 쓰히는 말도 느낌씨이다。

三、느낌씨는 항상 월의 첫꼭다기에 오는 것이 原則이니、제 스스로 홀로설만한 생각씨(觀念語)이다。그러므로 이 條件에 맞지 아니한 말들은 비록 느낌과 부름의 뜻을 나타내는 말이라도 느낌씨가 되지 못한다。이를테면

왔도다 왔도다 봄이 왔도다。(도다는 느낌끝의 씨끝이다)

사람되 많다。(되는 느낌의 토씨)

그도 왔소 그려。(그려는 느낌의 토씨)

동무들아 함께 모혀 노래 부르세。(아는 부르는 토씨)

의 도다 되 그려 아 따위가 느낌씨 아님과 같으니라。

익힘

다음의 글월에서 느낌씨를 가려 내어라。

(ㄱ) 참、 달 도 밝구 나!

(ㄴ) 아 아、 그렇습니 가!

(ㄷ) 야 아、 불이야!

(ㄹ) 「옳지、 그리 되었군!」

「저런、 그러면 어떻게 한단 말 이오?」

(ㅁ) 「악 아、 많이 먹어라。 종일토록 오죽 배 가 고팠겠니!」

「네、 많이 먹습니다。 어머니、 왜 고만 잡수세요? 어디 편찮으십니가?」

「아니、 아프기 는 어디 가 아파。 많이 먹었다。」

(ㅂ) 허허、 그게 무슨 말 인가!

(ㅅ) 자、 몰아라、 워여、 워여。

(ㅇ) 어즈버、 太平烟月 이 꿈 이런가 하노라。

(ㅈ) 여보 여보、 거북님、 내 말 들어 보오。

(ㅊ) 아찻차、 넘어 잤다。 어서 가 보자。 깡똥 깡똥 또 깡똥 토끼 닫는다。

토씨의갈래(助詞의種類)

자리토씨(格助詞)

열 한재 가름 토씨

첫재 조각 토씨의 갈래

토씨에는 자리토씨、도움토씨、이음토씨、느낌토씨의 네 가지가 있다。

(一) 자리토씨

닭이 모이를 먹는다。

수남이가 學校에서 賞을 타아 왔다。

그 집의 아이들이 서울로 공부하러 갔소。

의 이 를 가 에서 을 의 로 는 임자씨 알에 붙어서 그 임자씨가 월에서 어떠한 자리(地位、位格)를 차지하는가를 보이었나니、이와 같이 월조각(文의 成分)의 자리를 보이는 토씨를 자리토씨라 한다。

도움토씨 (補助詞)

(二) 도움토씨

너부터가 잘못 하였다。

나는 떡부터(를) 먹겠다。

그가 노래는 잘 하오。

의 부터 는 은 임자씨가 월조각(文의 成分)으로서 차지하는 자리에는 상관없이, 다만 그 임자씨에 어떠한 뜻을 더하여 그를 도왔나니, 이와 같이 그 우의 생각씨을 돕는 토씨를 **도움토씨**라 한다。

이음토씨 (接續助詞)

(三) 이음토씨

나비와 벌이 꽃을 찾아 옵니다。

나는 新聞과 雜誌를 읽었다。

의 와 과 는 두 임자씨 사이에서 그것들을 이어서 한 덩이로 만들었나니, 이와 같이 생각씨들을 잇는 토씨를 **이음토씨**라 한다。

느낌토씨 (感動助詞)

(四) 느낌토씨

참 사람도 많다。

그 사람이 왔읍데다 그려。

의 도 그려 는 임자씨나 풀이씨 알에 붙어서 느낌의 뜻과 가락(調)을 더하였나니, 이와 같이 느낌을 나타내는 토씨를 느낌토씨라 한다。

자리토씨 (格助詞)

둘재 조각 자리토씨

자리토씨의 중요한 것을 들면

가(이) 께서 에서 의 를(을) 야(아) 에 에게 께 로(으로) 와(과) 처럼 보다 고 라고 들이다。

가、이	께서	에서

(1) **가、이**(가는 홀소리알에、이는 닿소리알에 쓰힘。)

(ㄱ) 움즉임을 하는 임자임을 보임。

비가 온다。

바람에 분다。

(ㄴ) 무엇이 무엇으로 바꾸힘(變成함)을 보임。

올창이가 개고리가 된다。

물이 얼음이 된다。

(2) **께서** 움즉임의 임자인 사람을 높힘에 쓰힘。

아버지께서 오라 하신다。

(3) **에서**

(ㄱ) 特히 團體가 움즉임의 임자 됨을 보임。

우리 學校에서 이겼다。

의

를、을

야、아

에、에게、께

(ㄴ) 떠난대(出發点)를 보임。

學校에서 우리 집까지 五 마장이다。

(4) 의　가짐(所有)과 붙음(所屬)을 보임。

나의 책。 故鄉의 春色。

(5) 를、을　움즉임에 부리는 것을 나타냄。

비를 바란다。(홀소리 알에)

달을 구경한다。(닿소리 알에)

(6) 야、아　무엇을 부름을 나타냄。

아이야、落花ㄴ들 꽃 아니랴、쓸어 무삼하리오。(홀소리 알에)

범아、이리 오너라。(닿소리 알에)

(7) 에、에게、게　움즉임이 되는 자리를 보임。(에는 일몬(事物)
에、에게는 사람에게、께는 높히는 사람에게 쓰힘。)

로、으로

와、과

시골 언니가 집에 왔다。

그 책을 누구에게 주었니?

아버지께 드렸다。

(8) **로、으로** (로는 홑소리 알에、으로는 닿소리 알에 쓰힘。)

(ㄱ) 보고 가는 쪽(向方)을 보임。

나는 바다로 가고、그는 山으로 갔소。

(ㄴ) 움즉임에 쓰히는 연장이나 감 들을 보임。

톱으로 나무를 깎아、대패로 밀었다。(연장)

나무로 기동을 삼고、흙으로 벽을 쳤다。(감)

(ㄷ) 무엇으로 바꾸힘을 보임。

桑田이 桑海로 變하고、碧海가 桑田으로 變하였다。

(9) **와、과** (와는 홑소리 알에、과는 닿소리 알에 쓰힘。)

처럼、보다

고、라고、이라고、라、이라

(ㄱ) 움즉임을 함께하는 뜻을 보임。

자네와(하고) 가세。

어머님과 가아 보았다。

(ㄴ) 견줌의 대중(標準)을 보임。

히기가 눈과 같다。

빠르기가 번개와 같다。

◎와 과는 또 이음토로도 되느니라。

(10) **처럼、보다** 처럼은 같은 것과 견줌을 보이고、보다는 程度의 다름을 보임。

범처럼 날래게、해처럼 뜨겁게、쇠처럼 굳게、물처럼 꾸준히。

父母의 恩惠는 바다보다 깊고、山보다 높다。

(11) **고、라고。이라고。라、이라** 남의 말을 끄어옴을 보임。

「그 사람도 갔다」고 합니다。

이것은 明鏡臺라고 하는 것이오。

콩을 팥이라 해도 곧이 듣는다。

셋재 조각 도움토씨

도움토씨의 주요한 것을 들면

는(은) 도 만 마다 부터 까지 야(이야) ㄴ들(인들) 라도(이라도) 나(이나) 든지(이든지) 나마(이나마) 커녕 들이 있다。

(1) 는、은 特別히 무엇을 집어내어서 말하는 뜻을 보임。(는은 홀소리 알에、은은 닿소리 알에 쓰힘。)

꽃은 아름답다。」 눈은 히다。

도	만	마다	부터	까지	야、이야

해는 東에서 떠서 西로 들어간다。

(2) **도** 다른것과 한가지임을 보임。

너도 갈 터이냐?」 꽃도 피었다。

(3) **만** 그것에 限함을 보임。

죽만 먹는다。」 굿만 보고、떡만 먹는다。

(4) **마다** 각각의 뜻을 보임。

날마다 午前 아홉 時에 學校에 갑니다。

(5) **부터** 비롯는 點을 보임。

아홉 시부터 공부를 합니다。

(6) **까지** 미치는 點을 보임。

하룻날부터 열흘까지 일하였읍니다。

(7) **야、이야** 特別히 다름을 보임。

ㄴ들, 인들, 라도, 이라도	나, 이나

너야 그럴 理가 없지마는, 그 사람이야 무얼 안 그럴 것도 없겠지。

(8) ㄴ들, 인들, 라도, 이라도 다르기는 하나 또한 마찬가지가 됨을 보임。

落花ㄴ들 꽃 아니랴, 쓸어 무삼하리오。

병인들 안 날소냐。

아모라도 괜찮소。」 山이라도 띄어 오겠다。

(9) 나, 이나, (홑소리 알에는 나를, 닿소리 알에는 이나를 씀。)

(ㄱ) 가림(選擇)의 뜻을 보임。

배나 감이나 잡수오。

(ㄴ) 어림(槪算)의 뜻을 보임。

돈 한 千圓이나 썼을가?

세 時나 되었겠다。

◎나 이나는 또 느낌토씨가 되나니, 그리로 보라。

든지, 이든지

(10) **든지, 이든지** 가림의 뜻을 보임。 (홀소리 알에는 든지를, 닿소리 알에는 이든지를 씀。)

도끼든지 낫이든지 가져 오오。

나마, 이나마

(11) **나마, 이나마** 맘에 덜참(不滿)을 보임。 (나마는 홀소리 알에, 이나마는 닿소리 알에 쓰힘。)

죽이나마 많이 잡수시오。

그나마 많이 있었으면 좋겠소。

커녕

(12) **커녕** 「말할 것도 없이」의 뜻을 보임。

十圓커녕 十錢도 없네。

이음토씨 (接續助詞)	와、라

넷재 조각 이음토씨

이음토씨의 주요한 것을 들면

와(과) 하고 하며 에

들이다。

(1) **와、과** (와는 홀소리 알에、과는 닿소리 알에 쓰힘。)

나는 바다와 산을 다 좋아하오。

논과 밭을 부치고 살아 갑니다。

(잡이) 다음과 같은 것들은 誤解가 생김을 막기 爲하여 또박또박 알의 것에도 이음토를 붙여 써야만 한다。

福童과 壽男과의 언니는 同級生이다。

四와 二와 三과의 五倍를 더하면 얼마이오?

하고

(2) **하고**

너하고 나하고는 다시는 없는 친구이다。

하며

(3) **하며**

떡하며 술하며 많이 차려 놓았다。

에

(4) **에**

붓에 종이에 먹에 어느것 없는 게 없네。

느낌토씨 (感動助詞)

다섯재 조각 느낌토씨

느낌토씨의 주요한 것을 들면

도 나(이나) 그려 요

들이다。

도

(1) **도** 사람도 많다。 달도 밝다。

나、이나	그려	요

(2) **나、** 이나 (나는 홀소리 알에、 이나는 닿소리 알에 쓰힘。)

발서 사흘이나 지났네。

十圓이나 달라고?

(3) **그려** 그 사람도 왔읍데다 그려。

(4) **요** 나는 요 떡 먹었고!

나는 참외 먹었다 요。

익힘

一、 토씨의 갈래를 묻노라。

二、 다음의 글월에서 토씨를 가려 내어、 그 뜻을 말하라。

(ㄱ) 단단한 땅 에 물 이 핀다。

(ㄴ) 부뚜막 의 소금 도 집어 넣어야 짜다。

(ㄷ) 범 에게 물려 가도 精神 만 차리면 산다。

(ㄹ) 납잡이 가 제잡이。

(ㅁ) 흙 이나 바위 나 사람 의 皮膚 나 다 내 눈 에는 灰色 으로 보힌다。日光 自體 가 누른 빛 을 띤 灰色 이다。

(ㅂ) 太古 적 사람 은 寒暑 風雨 에 시달리고、毒蛇 猛獸 에게 威脅 을 받고、그 밖 에 山 에、내 에、나무 에、풀 에、늘 活動 의 妨害 를 받고 있었던 것 이다。

(ㅅ) 서울 서 新義州 까지 몇 里 나 되오?

(ㅇ) 「景致 가 좋음 도 좋소。」「참、그렇습니다 그려!」

(ㅈ) 소 와 말 은 사람 을 爲하여 온갖 苦役 을 다하오。우리 는 마소 를 사탕하여 야 하오。

열 둘재 가름 씨의 짜힘

씨의짜힘 (品詞의組成)

單純한 말이 둘넘어가 서로 얽어짜서 한 씨를 이루는 것을 씨의

익은씨(熟詞)

짜힘이라 한다。이에 關하여 풀이할 것은 익은씨(熟詞)、이은씨(連詞)、씨가지(接辭)의 세 가지 이니라。

(一) 익은씨 서로 다른 두 씨가 얽혀서 아주 한 씨로 익은 것을 이른다。

歲月(時間、時勢) 春秋(나히)、伯仲(어금버금)、손가락、부손、孝子……(이름씨)

이것、저것、그것、아모것……(대이름씨)

二十、三十、四百、五千……(셈씨)

돌아가다(死)、넘어가다(見欺、絶命)、나가다、돌보다、지새다、내두다、해보다(試)、슬퍼하다、빗내다……(움즉씨)

불꽃같다、맛있다、손쉽다、검붉다……(어떻씨)

밤낫、육장、피차、때때로、나날이……(어찌씨)

한두、서너、그까짓……(어떤씨)

여보、여보게……(느낌씨)

에는、보다도、까지야……(토씨)

이은씨(連詞)

(二) **이은씨** 서로 다른 두 씨가 각각 제 本 뜻을 그대로 가지고 있으면서 다만 慣用上 한 덩이가 되어서 한 씨로서의 다룸(取扱)을 받는 것을 이른다。

마소(牛馬)、春秋(春과秋)、天地、사람사람、집집……(이름씨)

여기저기、나남(自他)……(대이름씨)

한둘、두셋、열아홉……(셈씨)

나들다、오르나리다……(움즉씨)

드문드문、부디부디、이리저리……(어찌씨)

짝씨(疊詞)

◎「사람사람」、「집집」과 같이 한 씨가 둘씩 포개어서 된 이은씨를 특히 **짝씨**라 일컫

는다。 이름씨의 짝씨는 그 알에 발가지나 토를 붙여서 어찌씨로 씀이 예사이다。

나날이、 집집이、 곳곳이、 때때로。

씨가지 (接辭)

(三) **씨가지** 能히 獨立하지 못하고 다른 말에 붙어서 한 씨의 조각이 되는 것을 이른다。 이에는 **머리가지**、 **허리가지**、 **발가지**의 세 갈래가 있다。

머리가지 (接頭辭)

(1) **머리가지** 다른 말의 머리에 붙는 씨가지를 이른다。

한|길、 참|말、 슈|弟、 한|더위、 초|하루……(이름씨)

올|되다、 늦|되다、 짓|밟다、 엿|보다……(움즉씨)

얄|밉다、 새|파랗다、 시|커멓다……(어떻씨)

맨|먼저、 맨|나종……(어찌씨)

발가지 (接尾辭)

(2) **발가지** 다른 말의 알에 붙는 씨가지를 이른다。

스승|님、 鄭公|(男子)、 金氏|(女子)、 놀이|、 아이들|……(이름씨)

허리가지 (接腰辭)

일하다、가을하다、勞働하다、출렁거리다、豊年지다 (움즉씨)
얌전하다、多情하다、사랑스럽다、시름없다………(어떻씨)
다달이、自然히、急히、적이、높이……………(어찌씨)

◎앞에 말한 풀이씨의 도움줄기와 씨끝도 다 이 발가지의 한 갈래이니라。

(3) **허리가지** 두 씨의 사이에 들어가아 그것들을 얽매어서 한 씨로 만드는 씨가지를 이른다。

잇몸(이ㅅ몸)、뒷간(뒤ㅅ간)、
좁쌀(조ㅂ쌀)、찹쌀(차ㅂ쌀)、입쌀(이ㅂ쌀)、접짝(저ㅂ짝)

익 힘

一、다음의 글월에서 익은씨와 이은씨를 가려 내어서、그것이 어느 씨갈래에 붙는가를 보이고、또 머리가지 발가지 허리가지를 가려 내어서、그것이 붙은 씨에 어떠한 뜻을 더하였는가를 말하라。

(ㄱ) 드문드문 걸어도 황소 걸음。

(ㄴ) 이것 저것 다 주어 모아도 예쉰 도 못 된다。

(ㄷ) 東西 를 불분하고 이리저리 헤매는 어린것들 이 불상하지요。

(ㄹ) 여보 金公、당신 兄님 도 오늘 오시오?

(ㅁ) 今年 은 올벼 가 썩 잘되었다。

(ㅂ) 발서 햇콩 이 났어요。

(ㅅ) 木棉 파 羊毛 를 짜서、衣服 을 만들어 입으면、寒暑 를 막고、五穀 禽獸 魚介 를 調理하야、食物 을 만들어 먹으면、身體 를 살지게 한다。소나무 이깔나무 等은 家屋 建築 에 利用되는 것 이다。

(ㅇ) 요새 는 장사 가 歲月 이 없어、밥낮 벌어도 食口들이 겨우 糊口 나 해 갈 따름 이외다。

(ㅈ) 마소 가 콩밭 에 들어가서 모두 짓밟아 놓았소。

(ㅊ) 나날이 學校 에 맨먼저 오는 아이 는 壽吉 이올시다。

열 셋재 가름 씨의 몸바꿈

씨가 그 쓰힘과 끝과 뜻 들의 달라짐으로 말미암아 다른 씨로 바꾸히는 일을 씨의 몸바꿈이라 한다。 이에는 다음의 갈래가 있다。

몸바꿔된이름씨 (轉成名詞)

(一) 몸바꿈하여 된 이름씨(──)

(ㄱ) 움즉씨의 이름끝(‖)에서。

너를 웃음이 아니로라。──웃음이 나온다。

이를 이름이러라。──너의 이름이 무엇이냐。

그가 안잠자기를 원하오。──안잠자기를 두었소。

(ㄴ) 움즉씨의 줄기(‖)에 다른 발가지를 더하여서。

놀러 가자。──놀이를 하러 가자。

밥이 남았다。──나머지를 먹어라。

감이 열었다。—열매가 많다。

밭을 갈아라。—가래가 없다。

(ㄷ) 움즉씨의 줄기(‖)에서。

날이 가물다。—가물이 甚하다。

구두를 신다。—신이 있다。

(ㄹ) 움즉씨의 어찌꼴(‖)에서。

정이 남아 있다。—그 남아도 다 그러하다。

(ㅁ) 어떻씨의 이름꼴(‖)에서。

내가 기쁨이 아니라 네가 기쁘다。—나의 기쁨을 어대다가 비길소냐。

(ㅂ) 어떻씨의 줄기(‖)에 다른 발가지를 더하여서。

메가 높다。—높이가 삼백 자이다。

연기가 검다。—검정이 많다。

실이 길다。—기럭지가 몇 자나 되오?

(ㅅ) 어찌씨(‖)에서。

사람들이 다 왔소。—이것이 다이냐?

사람은 서로 사랑하여야 한다。—우리 서로가 주의합세다。

(주의합시다)

◎이러한 몸바꿈하여 된 이름씨는 의온씨에도 많다。

헛웃음、배놀이、가락찌、짚신、잘못。

몸바꿔된대이름씨 (轉成代名詞)

(二) 몸바꿈하여 된 대이름씨(—)

(ㄱ) 이름씨(‖)에서。

君과 臣과는 義가 있다。—臣은 듣자오니……。

◎이 따위는 또 많이 있나니、君、僕、生、들이 다 그런 것이니라。

몸바뀌된움즉씨(轉成動詞)

(ㄴ) 어떤씨(‖)에서。

그‖ 사람이 갔소? ——네、 그도 갔소。

이‖ 일이 틀렸다。——이를 어찌하나!

◎이 따위는 어느쪽이 밑(本)이라고 꼭히 말하기는 어려운 점도 있느니라。

(三) 몸바꿈하여 된 움즉씨(—)

(ㄱ) 이름씨(‖)에 「하다」를 붙여서。

일‖이 많으니。——날마다 일한다‖。

가‖을이 오니。——農夫가 가을한다‖。

運動‖은 몸에 좋다。——運動하라‖、 그리하면 너의 몸이 튼튼해 지리라。

(ㄴ) 어떻씨(그대로)에서。

저애 키가 이애 키보다 크다‖。——저애가 잘 큰다‖。

마당이 이쪽이 좀 돋다。——해가 돋는다。

◎우리말의 어떻씨는 흔히 그대로 움즉씨로 쓰힌다。그러나 다 그리 되는 것은 아니니라。

(ㄷ) 어떻씨의 줄기에 발가지 히 후 따위를 더하여서。

히。 밝다——밝히다。

좁다——좁히다。

높다——높히다。

◎「높히다」는 그 소리남의 結果와 簡便을 따라 「높이다」로 적기도 一般으로 許容되어 있느니라。

후。 갖다——갖후다。

낮다——낮후다。

구。 솟다——솟구다。

우。 고르다——고루다。

몸바꿔된어떻씨 (轉成形容詞)

(ㄹ) 어찌씨에서。

물이 출렁출렁 넘는다。—물이 출렁출렁한다。(출렁거리다、출렁대다)

별이 반작반작 깜작거린다。—별이 반작반작한다。(반작거리다、반작대다)

(四) 몸바꿈하여 된 어떻씨

(ㄱ) 이름씨에 다음의 여러 가지 발가지를 더하여서。

하다。 가난하다、健康하다、정하다。

스럽다。 사랑스럽다、생광스럽다、탐스럽다。

답다。 사람답다、사내답다、자식답다。

롭다。 슬기롭다、해롭다。

비다。 냅다、스스롭다。

지다。 건방지다、 기름지다。

없다。 숭없다、 시름없다。

(ㄴ) 움즉씨의 줄기에 다음의 발가지를 더하여서。

업다。 두리다—두렵다(두리업다)。

믿다—미덥다(믿업다)。

ㅂ다。 놀라다—놀랍다、 그리다—그립다。

브다。 미쁘다(믿브다)。

(ㄷ) 어찌씨에서。

일즉—일즉다。

얼룩얼룩—얼룩얼룩하다。

못—못하다。 아니—아니하다。

(ㄹ) 어떤씨에서。

몸바꿔된어떤씨(轉成冠形詞)

재 옷이 좋다。—옷이 새롭다。

외 아들(외아들)—나는 외롭다。

(五) 몸바꿈하여 된 어떤씨

(ㄱ) 셈씨에서。

하나—한。 둘—두。

셋—세、서、석。 넷—네、너、넉。

다섯—다섯、닷。 여섯—여섯、엿。

일곱—일곱。

(ㄴ) 어떻씨의 어떤꼴에서。

맘이 다른(異) 사람—다른(他) 사람。

八字가 갖은 사람—가진(各色)(갖은、가즌、가진) 물건。

◎「묵밭」「늦벼」「늦잠」따위의「묵」「늦」은 어떤씨가 아니요 머리가지로 봄이 옳다。

몸바꿔된어찌씨
(轉成副詞)

(六) 몸바꿈하여 된 어찌씨(──)

(ㄱ) 이름씨(──)에서。

오늘이 보름이다。──그가 오늘 온다。

어제가 며칠이오?──나는 어제 왔다。

네 말이 정말이냐?──경치가 정말 좋구나!

나는 天然을 좋아하오。──그 山이 天然 金剛山 같다。

좀처럼 實을 吐하지 않는다。──實로 부끄러운 일이다。

(ㄴ) 대이름씨(──)에서。

여기가 어대요?──당신은 어대 가십니가。

거기가 浮碧樓요。──나는 거기 갑니다。

(ㄷ) 셈씨에서。

하나가 둘보다 낫겠다。──나는 감을 하나 먹었다。

첫재가 누구냐。—내 동생이 첫재 갔읍니다。

(ㄹ) 움즉씨의 어찌끌(‖)이나 어찌끌의 變한 것에서。

자네가 弄談의 度를 넘어 갔네。—그건 넘어 甚하오。

(큰 것도 적은 것에서 비롯아 되는 법이오。)—그도 비로소(비롯아) 깨쳤다 오。

(ㅁ) 움즉씨의 이음법의 끌(‖)에서。

그것은 그러나……。—그러나 네 말도 옳다。

죽기를 決斷코 갑세다。—너도 決斷코 가지 말라。

나는 여기 있다가 그리로 갔다。—나는 있다가 가겠다。

(ㅂ) 어떻씨의 어찌끌이나 어찌끌의 變한 것에서。

같다—같이。 늦다—늦이。

많다—많이。 적다—적이。

(ㅅ) 어떻씨의 씨뿌리(‖)에 발가지가 붙어서。

반듯하다—반듯이。 따뜻하다—따뜻이。

甚하다—甚히。 勇敢하다—勇敢히。

(ㅇ) 느낌씨(‖)에서。

허허、 그리 되었는가!—그 사람이 허허 웃어 버렸다。

몸바꿔된느낌씨(轉成感動詞)

(七) 몸바꿈하여 된 느낌씨(—)

(ㄱ) 이름씨(‖)에서。

천세나 만세를 누리소서。—만세、 우리 學校、 만세!

(ㄴ) 어떻씨(‖)에서。

내 말이 옳지!—옳지、 나도 알았다。

(ㄷ) 어찌씨(‖)에서。

내가 아니 본들 상관 있나?—아니、 우리는 곧 가겠소。

(八) 몸바꿈하여 된 토씨

(ㄱ) 이름씨에서。

돈이 拾錢밖에 없다。

(ㄴ) 움즉씨에서。

너부터(붙어) 시작하여라。

자네조차(좇아) 그리는가?

하나마저(맞아、맞어、마저) 잡수시오。

(ㄷ) 잡음씨에서。

넋이라도 있고 없고、임 향한 一片丹心이야 가실 줄이 있
으랴。

산인들 못 넘으리、바다인들 못 건느리。

익힘

一、다음의 글월에서 몸바꾸어 된 씨를 가려 내어서 그 몸바꿈을 풀이하라。

(ㄱ) 사람답게 사는 것이 幸福스럽게 사는 것 이니라。

(ㄴ) 웃음 이 안 에 찬 집 은 곧 인간 의 樂園 이니라。

(ㄷ) 나머지 베 를 재어 보니、길이 가 설흔 자 나 된다。

(ㄹ) 그 는 신 도 신지 않고 나갔소。

(ㅁ) 모두 넘어 기뻐서 춤추며 노래하다가、來日 만나기 로 맞후고(約束하고) 해어젔읍니다。

(ㅂ) 불 을 밝히고 집터 를 고룬다。

(ㅅ) 여보、빈정거리기 만 하지 말고 이리 좀 오오。

(ㅇ) 저기 얼룩덜룩한 소 한 마리 가 있소?

(ㅈ) 無情해서 가 아니라 自然 그리 되었소。

(ㅊ) 적이 맘 만 있으면 달달이 한번씩 은 갈수 가 있지요。

(ㅋ) 제 에게 해로운 짓 은 반듯이 아니한다 오。

(ㅌ) 녀 조차 나 를 알아주지 아니하니、나 는 정말 원통하다。

二、다음의 글월을 씨가름하라。(씨마다 띄고 그 각각의 씨가름의 이름을 붙이라。)

(ㄱ) 층층대상하에는손잡이돌이우뚝우뚝서고 쇠사실인지운사실인지 둘러권훈적이아직도남아있다。

(ㄴ) 한번죽음을결단한윤씨의마음은한없이침착하였다。

(ㄷ) 만물에는다소의덕이있다。 쥐같은놈까지도밤새도록반자우에서바스럭거리어서「바쁘다!」하는교훈을주는덕이있다

(ㄹ) 구름은離合集散이無常하야 일어날적에도온바를모르고 흩어질적에도가는바를모른다。

(ㅁ) 들마다늦은가을찬바람이일어나네
벼이삭수수이삭으슬으슬속사기고
밭머리해그림자도바쁜듯이가누나。

월갈 (文章論)

월의조각 (文의成分)

임자말·풀이말 (主語·述語)

셋재매 월갈

첫재 가름 월의 조각(월조각)

첫재 조각 임자말과 풀이말

一、임자말·풀이말

(ㄱ) 꽃이 피였다。

새가 운다。

비가 온다。

(ㄴ) 메가 높다。

물이 맑다。

아이가 사랑스럽다。

임자말(主語)

풀이말(述語)

임자말과 풀이말과의 걸림꼴(主語와 述語와의 關係形式)

(ㄷ) 李退溪는 儒學者이다。

고래는 짐승이다。

우의 보기들은 다 뭉뚱그려진 생각을 나타낸 말이니、곧 월이다。 그 각 월의 첫머리의 꽃이 새가 비가 메가 물이 아이가 李退溪는 고래는 은 그 월의 임자가 되는 말이니、이를 **임자말**이라 하며、그 각 월의 아래쪽에 있는 피었다 운다 온다 높다 맑다 사랑스럽다 (儒學者)이다 (짐승)이다 는 그 임자말에 關하여 그 움즉임과 바탕과 겨레를 풀이한 말이니、이를 **풀이말**이라 한다。

◎월에는 반듯이 임자말과 풀이말이 있어야 하느니라。

二、임자말과 풀이말과의 걸림꼴(關係形式) 은 다음의 세 가지가 있다。

(1) 무엇이 어찌한다。

(2) 무엇이 어떠하다。

(3) 무엇이 무엇이다。

앞에 든 보기의 (ㄱ)은 (1)의 끝이요、(ㄴ)은 (2)의 끝이요、(ㄷ)은 (3)의 끝이다。

임자말과풀이말의짜힘

三、임자말과 풀이말의 짜힘

1、개가 달아난다。

2、저것이 범이다。

3、다섯이 셋보다 많다。

우의 보기와 같이 임자말은 임자씨(이름씨、대이름씨、셈씨)에 자리토씨가 붙어서 되는 것이 예사이다。

1、물이 흐른다。

2、경치가 아름답다。

3、그것이 (곰)이오。

우의 첫재 보기와 같이 「무엇이 어찌한다」 꼴의 월의 풀이말은 움즉씨로 되고、둘재 보기와 같이 「무엇이 어떠하다」 꼴의 월의 풀이말은 어떻씨로 되고、셋재 보기와 같이 「무엇이 무엇이다」 꼴의 월의 풀이말은 잡음씨로 된다。

◎풀이말은 두 낱 넘어의 풀이씨로 되기도 한다。

나도 들어 보겠다。

그는 가(아) 버렸다。

날이 갤 듯하다。

너도 가고 싶으냐。

기움말·부림말 (補語·客語)

기움말 (補語)

둘재 조각 기움말과 부림말

(一) 기움말·부림말

이것이 먹이다。

네가 누구이냐。

고래는 고기가 아니다。

그는 英雄이 아니다。

우의 보기와 같이 잡음씨가 풀이말이 될 적에는 반듯이 그 實質的 생각을 나타내는 말로 기워야(補充하여야) 하나니, 그 깁는 말을 **기움말**이라 한다。

◎기움말의 範圍를 여러 가지로 잡는 일이 있으나, 나는 우와 같은 한 가지 경우에 만限하였노라。

부림말(目的語)

기움말과부림말과의짜힘(補語와目的語와의組成)

아이가 글을 읽는다。

農夫가 밭을 간다。

漁夫가 고기를 낚는다。

우의 보기와 같이 남움즉씨가 풀이말이 될 적에는 반듯이 그 움즉임에 부리어 지는 말이 들어야 하나니、그 부리어 지는 말을 **부림말**이라 한다。

◎부림말에 關하여는 여러 가지의 다룸질(取扱方)이 있지마는、나는 우와 같이 하였노라。

(二) **기움말과 부림말의 짜힘** 기움말은 먹 누구 와 같이 임자씨로만 되기도 하고、고래가 영웅이 와 같이 임자씨가 토씨를 더불어 되기도 한다。

셋재 조각 꾸밈말

(一) 꾸밈말

꾸밈말(修飾語)

(1) 그 사람이 왔다。

밝은 달이 솟았소。

(2) 바람이 몹시 분다。

山水가 매우 아름답다。

우의 보기에서 어떤씨 그는 사람을 꾸미고、어떻씨의 어떤꼴 밝은은 달을 꾸미고、어찌씨 몹시는 분다를 꾸미고、어찌씨 매우는 아름답다를 꾸민다。이와 같이 월 가운대에서 다른 말을 꾸미는 말을 꾸밈말이라 한다。그런데 그 밝은과 같이 임자씨를 꾸미는 것을 어떤말(어떤꾸밈말)이라 하고、몹시 매우와 같이 풀이씨를

어떤말(冠形語)

어찌말 (副詞語)

꾸밈말의짜힘 (修飾語의組成)

어떤말의짜힘 (冠形語의組成)

꾸미는 말을 **어찌말**(어찌꾸밈말)이라 한다。

(二) **꾸밈말의 짜힘** 어떤말과 어찌말이 그 짜힘이 서로 다르다。

첫재、어떤말의 짜힘

(1) 제 책이 이 책보다 퍽 이쁘다。

한 사람이 두 아이를 데리고 왔더라 합니다。

(2) 오는 사람、가는 사람、다 한 마디씩 한다。

너른 바다에 적은 배가 떴다。

(3) 나의 故鄕은 新羅의 古都이다。

내일의 成功은 오늘의 準備에 매혔다。

(4) 우리 學校가 이겼다。

高句麗 서울이 滿洲 땅에 있었다。

우의 보기로 보건대、어떤말은 (1)의 제 이 한 두 와 같이 어떤씨로 되기도 하며、(2)의 오는 가는 너른 적은 과 같이 풀이씨의 어떤꼴로 되기도 하며、(3)의 나의 新羅의 내일의 오늘의 와 같이 임자씨에 토씨(어떤자리토씨)가 붙어서 되기도 하며、(4)의 위레 高句麗 滿洲와 같이 임자씨 그대로 되기도 한다。

어찌말의 짜힘 (副詞語의 組成)

둘재、어찌말의 짜힘

(1) 歲月이 매우 빠르다。

그런 일이 往往히 있읍니다。

나는 來日은 떠난다。

너는 자주도 온다。

(2) 꽃이 아름답게 피어 있다。

저이가 그렇게 말합데다。

길은 갈수록 멀고、산을 넘을수록 높다。

「나는 죽어도 좋다。」

(3)

先生님이 오늘 病으로 안 오셨다。

鸚鵡새가 사람처럼 말할 줄을 안다。

福童이가 學校에 간다。

父母의 恩惠는 높기가 산과 같다。

개가 아이한테 맞았다。

아버지께서 이책을 아기에게 주셨읍니다。

아침 아홉 시부터 공부를 시작하오。

몇 시까지 일을 하오?

그애가 級長이 되었다。

우의 보기로 보건대、어찌말은(1)의 매우 徃徃히 來日은 자주도
와 같이 어찌씨만으로、또는 어찌씨에 토씨가 붙어서 되기도 하며、

(2)의 아름답게 그렇게 갈수록 죽어도 들과 같이 풀이씨의 어찌끌이나 이음끌로 되기도 하며, (3)의 病으로 사람처럼 學校에 산과 따위와 같이 임자씨에 토씨가 붙어서 되기도 한다。

홀로말 (獨立語)

넷재 조각 홀로말

(1) 아버지, 손님이 오셨읍니다。

차돌아, 學校에 가거라。

(2) 돈, 그것이 第一인가。

周時經 先生, 그는 한글 研究에 몸을 바치셨다。

(3) 아아, 그립다 이내 고장!

참, 보름달이 밝다。

(4) 그러나, 그는 속이 나쁜 사람은 아니었다。

갖은임자말
갖은부림말
갖은기움말
갖은풀이말
임자조각(主部)
풀이조각(說明部)

그러므로 젊을 적에 공부를 많이 해야 한다。

우의 보기에서 (1)의 아버지 차돌아(부름말)、(2)의 돈 周時經 先生(보임말 提示語)、(3)의 아아 참(느낌말)、(4)의 그러나 그러므로(이음말)와 같이 월의 가운대서 다른 조각들과 形式上 緊密한 關聯이 없이 거의 따로서는 조각을 홀로말이라 한다。

◎월조각의 중요한 것은 임자말、부림말、기움말、풀이말과 꾸밈말이다。그런데 임자말、부림말、기움말、풀이말에 각각 그 꾸밈말을 더하여서 갖은 임자말、갖은 부림말、갖은 기움말、갖은 풀이말이라 한다。또 월을 크게 두 조각으로 나누어 임자말을 임자조각이라 하며 부림말、기움말、풀이말을 하나로 뭉뚱그려서 풀이조각이라 하느니라。

- 임자조각
  - 갖은임자말
    - 꾸밈—임자
- 풀이조각
  - 갖은부림말
    - 꾸밈—부림
  - 갖은기움말
    - 꾸밈—기움
  - 갖은풀이말
    - 꾸밈—풀이

익힘

一、다음의 월을 여러 가지의 월조각으로 쪼개라。

(ㄱ) 계집아이 가 나물 을 캔다。

(ㄴ) 金剛山 의 奇觀 은 實로 筆舌 로 다하기 어렵다。

(ㄷ) 그 사람 이 力士 이다。

(ㄹ) 너른 들 에는 아름다운 꽃 이 많이 피었다。

(ㅁ) 어린 아이들 은 學校 에 갔어요。

(ㅂ) 비 가 곧 올 듯하다。

(ㅅ) 燕雀 이 어찌 鴻鵠 의 뜻 을 알랴。

(ㅇ) 죽음 이 털 보다 가볍다。

(ㅈ) 논두름 에는 들국화 가 매우 아름답게 피어 있다。

(ㅊ) 白鷗 야 펄펄 날지 말라。

(ㅋ) 아침 아홉 時 부터 午後 네 時 까지 熱心 으로 공부하였다。

(ㅌ) 한 길가는 老人이 어린 아이에게 길을 물었다。

(ㅍ) 아이야、武陵이 어대매뇨、나는 예 ㄴ가 하노라。

二、다음의 조각으로 된 월을 지으라。

(ㄱ) 임자말、부림말、풀이말을 갖훈 월을 셋。

(ㄴ) 임자말、기움말、풀이말을 갖훈 월을 셋。

(ㄷ) 홀로말、임자말、풀이말을 갖훈 월을 셋。

(ㄹ) 어찌말이 둘이나 포개어 쓰힌 월을 둘。

(ㅁ) 임자말、부림말、풀이말이 각각 꾸밈말을 갖훈 월을 둘。

(ㅂ) 꾸밈말을 가진 기움말이 든 월을 하나。

물재 가름 월조각의 벌림과 줄임

바른자리 (正常位置)

一、바른 자리 월조각을 벌림(排列)에는 대강 一定한 자리가 있다。

(1) 달이(임자) 밝다(풀이)。

이것이(임자) 복숭아꽃(기움) 이다(풀이)。

생도가(임자) 말본을(부림) 배운다(풀이)。

우와 같이 (ㄱ)임자말은 풀이말의 우에、 풀이말은 임자말의 알에 벌리며、 (ㄴ)기움말과 부림말은 임자말과 풀이말의 사이에 벌림이 예사이다。

(2) 꽃이(임자) 피었다(풀이)。

선생님이(임자) 착한(어떤) 아이를(부림) 사랑하신다(풀이)。

너는(임자) 착한(어떤) 아이(기움) 이다(풀이)。

달이(임자) 매우(어찌) 밝다(풀이)。

거꾸른자리 (顚倒位置)

아이들이(임자) 學校에(어찌) 간다(풀이)。

우와 같이 꾸밈말은 꾸미어 지는 말의 우에 벌림이 예사의 자리이다。

(3) 先生이(임자) 한글을(부림) 아이들에게(어찌) 가르친다(풀이)。

先生이(임자) 아이들에게(어찌) 한글을(부림) 가르친다(풀이)。

우와 같이 부림말과 어찌말과의 벌림은 그 자리를 서로 바꿀수 있는 것이 있다。

二、거꾸른 자리 말가락(語調)을 고루며、말힘을 세게 하기 爲하여、일부러 월조각의 자리를 바꾸는 일이 있다。

(1) 좋구나(풀이) 경치가(임자)。

오너라(풀이) 수남이도(임자)。

이는 임자말과 풀이말의 자리를 거꾸른 것이다。

(2) 들으라(풀이) 音樂을(부림)。

이것을(부림) 자네가(임자) 아는가(풀이)?

이는 부림말과 풀이말、부림말과 임자말의 자리를 거꾸른 것이다。

(3) 서울서(어찌) 언니가(임자) 왔어요(풀이)。

空中에(어찌) 飛行機가(임자) 떴다(풀이)。

이는 어찌말과 임자말과의 자리를 거꾸른 것이다。

월조각의 줄임 (成分의 省略)

三、월조각의 줄임 월의 조각은 각각 一定한 구실이 있는 것인즉、짬없이 줄이지 못한다。그러나 글뜻을 개개지 아니하는 範

圍 안에서、글월을 깨끗하게 하며、또는 말힘을 세게 하기 爲하여、
그 가운대서 어떤 조각을 줄이는 일이 있다。

(1) (내가) 내일 자네한테 감세。

(너희들이) 앞으로 가。

(아모라도) 나무를 꺾지 말라。

이는 임자말을 줄인 것이다。

◎시김과 말림의 월에서는 임자말을 줄이는 일이 흔히 많으니라。

(2) 자 이리로 (오십시오)。

忍耐는 成功의 어머니 (이다)。

이는 풀이말을 줄인 것이다。

(3) 내가 (너를) 불렀다。

내가 (그것을) 가져 왔다。

이는 부림말을 줄인 것이다。

(4) 할머니、서울서 언니가 (집으로) 왔어요。

校長이 (學生들에게) 訓辭를 하신다。

이는 어찌말을 줄인 것이다。

익 힘

一、다음의 월의 조각의 벌림을 바른 자리로 고치랑。

(ㄱ) 그 이야기 는 나 도 들었네。

(ㄴ) 앞 에서 자네 를 기다립세 나 는。

(ㄷ) 착하다、말 이야。

(ㄹ) 그런 소리 를 누 가 합데가。

(ㅁ) 그 學校 에 우리 아우 가 갑니다、날 마다。

(ㅂ) 뉘 가 알랴、가마귀 의 암 파 수 를。

(ㅅ) 先生 인가、그 가 정말。

(ㅇ) 재넘어 사래 긴 밭 을 언제 갈려 하나니。

(ㅈ) 보아요、자세히、이 궤 속 에서 나오는 것 을。

(ㅊ) 爽快하다、정말 로、오늘 運動會 는。

二、다음의 월에 줄어진 조각이 있거든 기워 채우라。

(ㄱ) 입 만 짓거리고 손 을 꿈적거릴 줄 을 모르면 아모 쓸대 가 없나니라。

(ㄴ) 발서 가셔요? 또 오십시오。

(ㄷ) 汽車 를 조심하시오。

(ㄹ) 「너 도 學校 에?」

「네、저도 갑니다。」

(ㅁ) 「이걸 누 가 가져 왔나?」

「제 가 가져 왔읍니다。」

「언제?」

「어제 가져 왔읍니다。」

(ㅂ) 이 마음 버혀 내어 저 달을 만들과저。
九萬里長天에 번듯이 걸혀 있어、
고온 님 계신 곳에나 비쳐 볼가 하노라。

셋재 가름 마디

마디(節)

(一) 마디。

香氣가(임자) 맑은(풀이) 梅花가(임자) 피었다。(풀이)

우의 보기의「香氣가 맑은」과 같이 임자말과 풀이말을 갖훈 월이 끝나지 아니한 때문에 그 獨立性을 잃어 버리고 다른 월의 한 조각이 되는 것을 마디라 한다。

마디의갈래(節의種類)

(二) 마디의 갈래　마디에는 다음의 다섯 갈래가 있다。

임자마디(體言節)

(1) 임자마디

맛이 달기가 꿀과 같다。

나는 비가 옴을 좋아하오。

의 ——과 같이 월의 임자말 또는 부림말이 되어서 임자씨처럼 쓰히는 마디를 **임자마디**라 한다。

풀이마디 (用言節)

(2) **풀이마디**

오늘 밤은 달이 밝다。

토끼는 앞발이 짜르다。

의 ——과 같이 월의 풀이말이 되어서 풀이씨처럼 쓰히는 마디를 **풀이마디**라 한다。

어떤마디 (冠形節)

(3) **어떤마디**

組織이 科學的인 한글은 모든 것이 가난한 조선에 짝이 없는 보배이다。

의 ─과 같이 임자씨로 된 여러 가지의 월조각을 꾸미는 어떤말이 되어서 어떤씨처럼 쓰히는 마디를 **어떤마디**라 한다。

어찌마디 (副詞節)

(4) **어찌마디**

우리 學校의 庭園은 그 配置가 썩 아름답게 꾸미어 졌다。

봄이 오면 온갖 꽃이 핀다。

의 ─과 같이 월의 어찌말이 되어서 어찌씨처럼 쓰히는 마디를 **어찌마디**라 한다。

맞선마디 (對立節)

(5) **맞선마디**

꽃은 웃고, 새는 노래한다。

달은 밝고, 별은 드물다。

의 ─과 같이 아래우 두 마디가 서로 같은 갑어치를 가지고 마주서는 마디를 **맞선마디**라 한다。

의힘

다음의 월 가운대서 마디를 가려 내어、그 갈래를 보이라。

(ㄱ) 꽃이 떨어지는 것이 나비가 나는 것 같다。

(ㄴ) 누가 몸이 튼튼하기를 바라지 아니하리오。

(ㄷ) 해가 낮이 기울었다。

(ㄹ) 山은 높고、물은 길다。

(ㅁ) 仁者는 命이 길다。

(ㅂ) 범은 가죽을 쓰고、사람은 마음을 쓴다。

(ㅅ) 사람이 만약 一生에 한 가지 일 만을 專心專力으로 할것같으면 반듯이 이룸이 있으리라。

(ㅇ) 우리 學校는 景致가 아름답다。

(ㅈ) 그 집은 기동이 쓰러져서 못 쓰겠더라。

(ㅊ) 기러기는 꽃이 피는 봄철을 버리고 간다。

(ㅋ) 人心 이 다 그 에게로 돌아감 을 어쩌하리오。

넷재 가름 월의 갈래

월은 그 짜힘(組織)으로 보아、다음의 세 가지로 가른다。

(一) 홑월

(1) 꽃이 핀다。

(2) 제 산이 매우 높다。

(3) 아이가 고운 새를 잡았다。

와 같이 임자말과 풀이말과의 關係가 다만 한 번만 成立하는 월을 **홑월**이라 한다。

◎임자말이나 풀이말이 여럿이 있더라도 그 關係가 다만 한 번만 되는 월은 또한 홑월이니、그 보기는 다음과 같으니라。

홑월(單文)

산과 들이(임자) 푸르다(풀이)。

李公은(임자) 부즈런하고 착하다(풀이)。

가진월 (包含文)

(二) 가진월

(1) 눈이 오는(어떤마디) 날이 가장 자미납니다。

(2) 달이 밝기가(임자마디) 낮과 같다。

(3) 코끼리는 몸집이 크다(풀이마디)。

(4) 모래벌이 눈이 부시게(어찌마디) 히다。

와 같이 맞선마디 밖의 다른 마디를 그 속에 가진(包胎한, 包含한) 월을 가진월이라 한다。

이은월(對連文) 겹월(複文)

(三) 이은월

(1) 人生은 짜르고、(맞선마디) 藝術은 길다。(맞선마디)

(2) 물은 그릇의 方圓을 따르고、(맞선마디) 사람은 벗의 善惡을 본뜬다。(맞선마디)

(3) 달은 떨어지고、(맞선마디) 가마귀는 울고、(맞선마디) 서리는 하늘에 찼다。(맞선마디)

와 같이 둘이나 둘넘어의 맞선마디로 된 월을 이은월이라 한다。

◎가진월과 이은월은 다 한 월 가운대에 임자말과 풀이말과의 關係의 成立이 두 번 以上이 되는 것인즉、이를 홑월에 對하여 겹월이라 이르느니라。

우에 풀이한 가진월이나 이은월도 또한 한 마디가 되어서 더 큰 겹월을 이루는 일이 있다。

(1) 가진월이 맞선마디가 되어서 이은월이 된 것。

봄이 오면 꽃이 붉고、(맞선마디) 여름이 되면 나무가 푸르다。(맞선마디)

어떤이는 염소가 온순함을 사랑하고, 어떤이는 사지가 용맹스러움을 사랑한다。

(맞선마디) (맞선마디)

(2) 이은월이 마디 (맞선마디 밖의) 가 되어서 가진월이 된 것。

꽃은 피고 새는 노래하는 봄철은 돌아왔다。

(어떤마디)

몸이 튼튼하고 재조가 많음을 믿지 마라。

(임자마디)

익 힘

다음의 월을 그 짜힘으로 가르라。

(ㄱ) 君子는 남들이 제를 알아주지 아니함을 걱정하지 아니한다。

(ㄴ) 精誠만 至極하면 무엇을 못 이루랴。

(ㄷ) 山은 水晶 같이 빼어나고、물은 거울 같이 맑다。

(ㄹ) 내일 날이 좋으면 떠나시겠읍니가。

(ㅁ) 제비는 꽃이 피는 봄을 찾아 오고、기러기는 잎이 떨어지는 가을을 그려 온다。

(ㅂ) 정월 한보름 달이 맑은 빛을 너른 天地에 채웠다。

(ㅅ) 實心이 아니면 일을 이루지 못하며、虛心이 아니면 일을 알지 못하나니라。

(ㅇ) 面前의 譽가 있기는 쉽고、背後의 毁가 없기는 어려우며、乍交의 歡이 있기는 쉽고、久處의 厭이 없기는 어려우니라。

(ㅈ) 열 길 물속은 알아도 한 길 사람속은 모른다。

(ㅊ) 산은 높고 물은 맑은 조선의 땅은 온 世界 가운대 서도 가장 아름다운 곳이로다。

중등조선말본 끝

昭和九年四月五日 初版發行
昭和九年九月三日 再版印刷
昭和九年九月五日 再版發行

중등조선말본

정가 八拾錢

送料 六錢

著作兼發行者 京城府杏村洞一四六의一 崔鉉培

印刷者 京城府堅志洞三二 金鎭浩

印刷所 京城府堅志洞三二 漢城圖書株式會社

檢印

發行所 京城府寬勳洞一二三 東光堂書店

振替口座京城一六一二一番

최현배 지은

중등조선말본

동광당서점 펌

연희전문 학교교수
최현배 지은

중등조선말본

(改正版)

동광당서점 펴냄

일러두기 (改正版의)

一、이 책은 中等學校의 朝鮮語科 敎授의 補用이 되며、또 一般으로 朝鮮語 硏究에 뜻하는 이에게 그 基礎的 知識을 대어주는 동무가 되게 하기 爲하여 지은 것이다。

二、이 책에서는 그 말본의 術語(갈말)를 대개 새로지어 썼나니、이는 조선말의 본(법)을 풀이함에는 조선말로 된 術語(갈말)가 그 表現上 가장 適切하다고 생각한 때문이다。 그러나、漢字 借用의 버릇에 아주 젖은 머리에 혹이나 도움이 될가 하여、術語가 처음 나올 적마다 그 頭書에 漢字語를 마주대어 놓았다。 그러나、이는 다만 理解의 補助가 되게 할 따름이니、결코 이것을 重視하지 말지니라。 이 책으로써 말본을 가르치거나 배우거나 하는 이는 오로지 이 책에서 規定한 갈말

(術語)을 써서 말一般에 關한 語法的 知識의 原本的 基礎를 닦을 것이라 하노라。

三、이 책은 그 공부의 効果를 確實히 거두기 爲하여 가름(章)마다 그 끝에 조심들이 뽑은 익힘을 붙여 두었나니、이 책을 가르치는 이는 이것을 잘 쓰시기를 바란다。

四、이 책은 第一、第二의 두 學年에 걸쳐서 배울 것이나、便宜를 따라 他學年에서 가르침도 無妨하다。 時間이 不足한 경우에는 어떻씨와 잡음씨를 省略하여도 좋다。

五、이 第四版은 이전 版에 大修正을 더하였다。 그래서、나의 말본 體系를 갖후게 되었다。 그러나、그 자세한 說明은 나의 『우리말본』으로 밀운다。

昭和 十三年 四月 日

지은이 말함

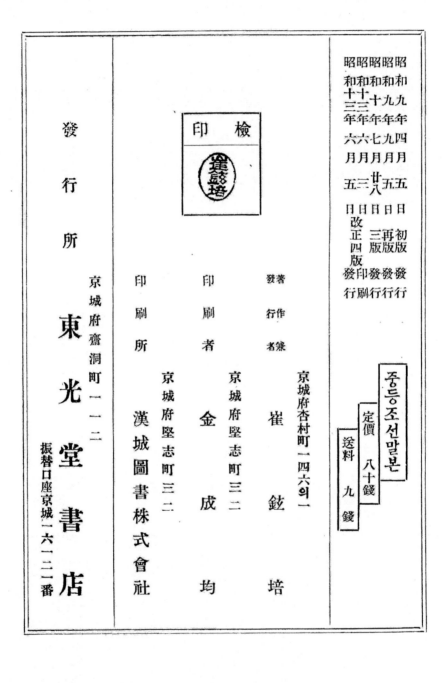

昭和九年四月五日初版發行
昭和九年九月五日再版發行
昭和十年七月廿八日三版發行
昭和十三年六月三日印刷
昭和十三年六月五日改正四版發行

중등조선말본
定價 八十錢
送料 九錢

檢印
崔鉉培

著作兼發行者 京城府杏村町一四六의一 崔鉉培

印刷者 京城府堅志町三二 金成均

印刷所 京城府堅志町三二 漢城圖書株式會社

發行所 京城府齋洞町一一二 東光堂書店
振替口座京城一六一二一番

146 「중등조선말본」 교수참고서 차례

최현배 지은

중등조선말본 교수참고서

서울 정음사

머 리 말

어느 나라 사람을 물론하고, 다 제 나라의 말본(語法)에 對하여는 比較的 無關心한 態度를 가지는 기울어짐(傾向)이 있음은 事實이라 할수 있으니, 이는 그 母語 (어미말)가 元來 그 나라 사람들에게 너무도 親熟한 때문이라 하겠다. 다시 말하면, 사람은 제 어미말을 배울적에 먼저 또는 동시에 말본을 따로 배우는 일이 없이, 다만 어머니와 및 다른 앞서난 사람들의 입으로 하는 日常會話를 듣고서, 절로절로 차차 通達하였다. 그러므로, 그 말의 말본의 理論은 하나 모르더라도, 能히 그 어미말을 부려쓸 수 있게 된다. 따라, 말본 곧 말본의 理論과 法則에 對하여는 절로 無關心한 態度를 가지게 되는 것이니, 이는 容或 無怪한 일이라할 만하다. 그러나, 그 말과 글로써 그 국민의 一般 敎育, 各種 學術의 基礎를 삼으며, 諸般 生活의 利器를 삼는 모든 文明國에 있어서는, 그 利器를 닦으며, 그 武器를 날카롭게 만들어, 써 文化의 發展, 生活의 向上을 꾀하고자, 그 글과 말을 갈고 다듬어, 이를 가르치고 이를 使用하나니, 말본(語法) 學習의 必要가 이에 있는 것으로, 萬人 共認하는 바이다. 그러한데 우리의 말과 글은 從來에 다만 여렴방잔의 日常會話와 이야기 책의 소용에 맡겨 버려두어, 이를 조금도 거두어 다듬지 아니하였기 때문에, 그 말본 學習의 必要는 世人의 認識을 조금도 얻지 못하고 만 것이다. 그래서, 말과 글이 날로 어지러워 지고 날로 여려져갈 뿐이러니, 이제 天運이 순환하여 世界의 大勢가 바뀌어서, 우리의 三千里 강산에도 生命의 봄이 돌아와, 獨立自由를 얻게 된 三千萬 조선겨레(朝鮮民族)가 바야흐로 自由發展의 生活을 계획하며, 永遠發達의 文化를 건설하려 함에 당하여 우리의 말과 글의 소용됨이 極히 중대하며, 그 學習과 研鑽가 또한 매우 간절하다. 이에 말본의 배움이 우리말의 본을 닦음이 되는 동시에, 우리글의 본을 깨치게 되어 입으로 또 붓으로 사상감정을 나타내기에 많은 도움이 될 것이니, 이제로 부터는 우리말본의 가르침이 학교 교육에 있어 매우 소중한 학과가 될 것이다. 이러한 뜻에서 가르치기를 맡으신 스승들은 깊이 갈고 닦아, 온전한 보람을 거두기를 힘써야 할것이라 한다.

이에, 나의 번변치 못한 「중등 조선 말본」을 가르치시는 분에게 얼마큼 參考가 되게 하고자 하여, 이 책을 지은 것이다. 그러나, 이 책은 그 性質上 精細한 理論을 베풀 수 없는 것이므로, 다만 그 「익힘」의 대답을 간단히 적어 봄에 그칠뿐이오니, 이를 가늘게 갈고자 하시는 분은 저의 지은 「우리말본」과 「한글갈」을 열려보기를 바란다.

大韓 光復 원년 십이월 이십구일

지은이 적음

『중등 조선 말본』 교수 참고서

모 두 풀 이

一、말과 글의 特徵과 效能에 관하여는 「한글갈」 七二四——七二六쪽, 「한글의 바른 길」 二〇——二四쪽 열어보라。

二、소리글、뜻글에 관하여는 「한글갈」 七二七——七四〇쪽 열어보라。

三、한글의 創制에 관하여는 「한글갈」 五三——六五쪽 열어보라。

四、낱말의 가는뜻은 「우리말본」 四八——一五五쪽 열어보라。

五、서울말은 大體로 現在 中流 社會에서 쓰는 서울말로 한다。서울말에도 宮中語와 같이 너무 一部分에 치우치는 말이라든지、下流 社會에서는 너무도 비열하고、바르지 못한 말은 표준말로 삼을 수 없다。그뿐아니라、中流 社會의 말이라 하더라도 그것에도、亦是 서울 特有의 사투리가 없지 아니하니、이러한 따위의 말은 다 표준말이 되지못할 것이니라。

익 힘

一、① 말과 글이 다 사람의 생각을 나타냄은 한가지이로되、말은 소리로 말미암고、글은 꼴로 말미암는 것이다。

② 말은 귀로 듣는 것이요、글은 눈으로 보는 것이다。

③ 말은 그 소리와 함께 순간에 살아지되、글은 [illegible]는 살아지지 아니한다。

④ 말은 空間的으로 멀리 퍼지지 못하며、時間的으로 길이 傳하기 어려우나、글은 이러한 缺陷이 없다。

⑤ 그러나、말이 으뜸이 되고、글은 그것을 눈에 보이도록 한 꼴이니、곧 글은 말의 배김이라 할수 있다。

⑥ 人類 文化의 發生은 말의 덕이요、그 文化의 時間的 퍼어남(發展)과 空間的 뻗처남(發展)은 글의 [illegible]덕이라 할수 있느니라。

[1]

二、말의 소리를 적어 나타내는 글이 소리글이요、말의 뜻을 적어 나타내는 것이 뜻글이다。보기를 들면、한글의 「ㄱ」、「감」이 다만 一定한 소리를 나타내는 것이요、直接으로 뜻을 나타내는 것이 아니다。그 「감」이 어떠한뜻을 나타냄이 됨은 그 글자가 나타내는 소리가 마침 우리말에서 「柿」를 뜻하는 것이기 때문이다。이와 달리、漢字의 「天」、「地」는 그것을 읽는 소리는 무어라 하든지 간에、그 뜻이 一定하여 있나니、이는 元來 그 글자가 소리를 나타내는 것이 아니요、뜻을 나타내는 것이기 때문이다。이와같이、우리나라의 한글、西洋의 알파벹은 소리글이요、支那의 漢字는 뜻글이니라。

三、낱말은 낱낱의 생각을 나타내는 말이니、「사람」、「말」、「먹다」、「이」、「살」 같은 것이요、월은 이러한 낱말을 모아서 한 덩어리의 온통으로된 생각을 나타내는 것이니、「사람 이 밥 을 먹다。」와 같은 것이다。

[2]

四、표준말이란 것은 한 나라 사람들이 표준(標準)으로 쓰는 말을 이름이니, 이를테면, 한 가지의 事物 「小豆」를 「팥」,「퐃」,「퐅」,「퐅」,「퐃」,「폿」의 여러 가지 말이 있으나, 「팥」으로써 표준말을 삼음과 같으니라。

五、우리가 날의 하는 말과 적은 글을 바로 깨치며, 또 제 스스로의 생각을 옳이 로 바로 말하며, 붓으로 바로 적어나타내기 爲하여, 말본을 배우는 것이다。

六、말본의 세 조각은 소리갈, 씨갈, 월갈이니, 씨갈은 소리의 본을 밝는 것이요, 씨갈은 낱말의, 월갈은 월의, 본을 밝는 것이다。

첫재 매 소리 갈

첫재 가름 소리의 갈래

一、○한글 스물 넉 자의 차례와 그 이름은 틀림없이 通通하도록 외게 할것이다。 ㅎ의 발음은 홀으로는 ㅅ받침과 비슷하게 얽나니, 「히읗」은 「히읏」 비슷하게 된다。

○「다 더 도 두 디」를 「자 저 조 주 지」로 읽지 말 것이며,

「타 터 토 투 티」를 「차 처 초 추 치」로 읽지 말 것이며,

「쟈 져 죠 쥬」를 「자 저 조 주」로 읽지 말 것이며,

「챠 쳐 쵸 츄」를 「차 처 초 추」로 읽지 말 것이며,

「샤 셔 쇼 슈」를 「사 서 소 수」로 읽지 말 것이며,

「냐 녀 뇨 뉴 니」의 ㄴ은 ㄴ의 본래의 소리값대로 읽지 아니하고, 이붕소

리된(口蓋音化함) ㄴ으로 소리냄으로 표준소리(標準音)를 삼는다。 平安道 語音에서는 이 境遇의 ㄴ도 본래의 소리값 대로 냄이 예사이나, 다른 道에서는 대개는 표준소리 대로 냄이 예사이다。

「랴 려 료 류 리」를 「나 너 노 누 니」로 읽지 말 것이다。

○特히 慶尙道 말소리에서는 홑소리의 소리냄이 매우 서툴어서 서로 區別하여야 할 것을 한가지로 쉬움이 많으니, 가르치는 이는 特히 注意하여야 할것이다。

이 름

一、홑소리는 제홀로 날 수 있는 소리이니, 그 소리가 입으로 나올적에 큰 막음을 입지 아니하고 순하게 나는 것이며, 닿소리는 제 소리값이 있기는 하지마는 제홀로는 나지 못하고 홑소리에 닿아야 나는 소리이니, 그 소리 날이 여러 가지의 막음을 입어서 거츨게 나는 것이다。

二、五 쪽에 있는 대로。

三、六 쪽에 있는 대로。

四、七 쪽에 있는 대로。

둘재 가름 거듭 소리

이 름

一、ㅑ「ㅣㅏ」의 거듭 ㅕ「ㅣㅓ」의 거듭 ㅛ「ㅣㅗ」의 거듭 ㅠ「ㅣㅜ」의 거듭 ㅖ「ㅣㅔ」의 거듭 ㅟ「ㅜㅣ」의 거듭 ㅢ「ㅡㅣ」의 거듭 ㅘ「ㅗㅏ」의 거듭 ㅝ「ㅜㅓ」의 거듭 ㅙ「ㅗㅐ」의 거듭 ㅞ「ㅜㅔ」의 거듭

二、ㅍ「ㅂㅎ」의 거듭 ㅌ「ㄷㅎ」의 거듭 ㅋ「ㄱㅎ」의 거듭 ㅊ「ㅈㅎ」의 거듭

三、섞임거듭은 두 소리의 어느것이 먼저 가든지 한가지로 나는 거듭이오, 덧거듭은 두 소리의 차례가 바꾸이면 그 소리값도 달라지는 거듭이니, 보기를 들면, 「ㄱㅎ」의 차례로 하거나 「ㅎㄱ」의 차례로 거듭하거나 한가지로 「ㅋ」가 되나니, 이는 곧 섞임거듭이오, 「ㄹㄱ」의 거듭은 「닭」에서와 같이 소리가 잘 들어나되, 「ㄱㄹ」의 거듭은 그 소리가 온전히 들어나지 못하여, 『ㄹㄱ』과는 아주 달라지나니, 이는 곧 덧거듭이다。

세째 가름 소리의 닮음

이 름

一、소리의 닮음이란 한 소리가 다른 소리를 만나서 날 적에, 그 다른 소리를 닮아, 그 소리값이 달라짐을 이름이니, 보기하면, 「먹는다」의 「먹」이 「ㄴ」을 닮아서 「ㅇ」이로 남(멍는다)과 같다。

二、홑소리의 고룸 이란 홑소리끼리 서로 만날 적에, 뒤의 것이 앞의 것을 닮아서 될수있는대로 그와 가까운 소리가 되는 것을 이름이니, 보기하면, 「졸졸졸졸」의 첫 낱에 「졸」을 「잘」로 고치면 그 뒤의 소리가 이를 닮아서 「잘잘잘잘」이로 되어 앞뒤

의 홑소리가 서로 고룸(調和)을 이룸과 같다。

三、ㄴ、ㄹ、ㅁ 앞에서。　四 ㄴ ㄹ、ㅁ 앞에서。

五、ㄴ、ㅁ 위에서。　六、「분리」(分離)가 「불리」로

七、ㄱ、ㅁ、ㅂ、ㅇ 위에서。

둘째 매 씨 갈

첫째 가름 씨 가름

이 름

씨가지의 처의 이름의 풀이보는 바움과 같이 함。

이……이름씨, 대……대이름씨, 셈……셈씨, 움……움직씨, 어……어떻씨, 잡……잡음씨, 언……언씨, 억……억씨, 느……느낌씨, 토……토씨。

(ㄱ) 씨 의 는 로 풀 이 은 로 하 다 의

(ㄴ) 의미 씨 의 로, 職業 이 을 로 數量 하 것 갖 가 지 를 그 씨 갈 의 그 씨 갈 의 의 로 일 이 이 로 完成되었음 은 을 로 滿足하 것 생각하면서 은 점 이 에 로 붙어 오는 을 이 어 씨갈 로 歸屬시킴은 이 사람 이 은 로 없나니라 이。

(ㄷ) 이름 이 이 로 되면, 을 함 이 가 로 들 이 의 로 사람 이 을 로 歸屬한다 을

(ㄹ) 父母이 의로 恩惠이 는도 山의 보다보도 높고이 바다이 보다도도 깊다이
(ㅁ) 가만히 옷 눈이 감으면 음, 胸中이 에도도 明月이 있다 어。
(ㅂ) 그런 사람이 이도 저 옷 세 인 짐이 해도 사오 음。
(ㅅ) 저이 비 가도 우리 비 언니 이 이다 짐。
(ㅇ) 비몸 쎈 을 도 이중 쎈 감정이 하면 을 일흔 쎈 들 쎈 이다 짐。
(ㅈ) 수걸이 아 도 너 비 도 도 가느나 음。
(ㅊ) 헝헝 느 캄 옷 저음 옷 보겠기 음。
(ㅋ) 아바 느 그만두어라 음。

둘째 가름 이름 씨

익 힘

(ㄱ) 오늘이 은 도 비 이 가 온다。 지난 겨울 에는 눈이 도 그렇게 많이 오더니
(ㄴ) 三角山 봉'이 의 흰 구름이 이 한 송이 에 날음질하여 南山 봉'이 으로 날아오며, 南山 봉'이 에 잠긴 안개이 가 또 다시 돌며 날아가 도 漢江 봉'이 언덕이 으로 날음질쳐 나간다。
(ㄷ) 慶州 봉'이 의 佛國寺 봉'이 에는 有名한 多寶塔 봉'이 과 釋迦塔 봉'이 이 新羅 봉'이 時節이 의 文化이 를 자랑하고 있다。
(ㄹ) 에디슨 봉'이 은 낮이 이면 汽車이 안이 에서 新聞이 을 팔고 밤이 이면

정이 에 돌아와서 어머니이 에게 글이 을 배웠다 그 때이 나이이 가 겨우 열 세 살 봉'이 이었다。
(ㅁ) 적은 것 봉'이 을 아낄 줄 봉'이 을 이는 이 봉'이 라야 큰 것 봉'이 을 이루어 내는 법이 이오。
(ㅂ) 손으로 어려워운 줄 봉'이 을 아는 어려워운 이 봉'이 는 슬기로운 이 봉'이 로 더불어 相距이 가 멀지 아니합니다。

셋째 가름 대 이 름 씨

익 힘

1, (ㄱ) 이것 분'배 은 여기 분'배 에 그것 분'배 은 거기 분'배 에 두어라。
(ㄴ) 너 사'배 는 어데 분'배 로 가니? 저 사'배 는 우리 사'배 집 분'배 을 찾아 저리 분'배 로 갑니다。
(ㄷ) 당신 사'배 은 누구 사'배 를 찾아 왔소? 나 사'배 는 나 사'배 의 친구를 찾아 왔소。
(ㄹ) 거기 분'배 왔는 것이 무엇 분'배 인가 그것 분'배 이 저 사'배 옷 이아닌가。
(ㅁ) 저이 사'배 가 요전 에 저 사'배 에게 책 을 빌려 주었읍니다。
(ㅂ) 어른 께서 한 번 거기 분'배 에 가(하) 보시면 어떻겠읍니까。
11, 1, 아주높힘……당신。 2, 예사높힘……당신。 그대, 이이, 그이, 저이。 3, 나,

자비。 ㄴ、 아주낮훔……저、 나。

넷재 가름 셈 씨

이 힘

(ㄱ) 일백……으、셈。 여덟……으、셈。
(ㄴ) 설흔……으、셈。 다섯……으、셈、 셋……으、셈。
(ㄷ) 첫재……차、셈。 열—둘재……차、셈。 마흔—세재……차、셈。

다섯재 가름 움 직 씨

첫재 조각 움직씨의 끝바꿈

이 힘

一、줄기는 움직씨의 다(心觀念)을 나타내는 것이니、항상 일정한 꼴(形)을 가져 變하지 아니하고、씨끝은 움직씨의 말본스러운(語法的) 관계를 나타내는 것이니、항상 그 꼴이 바뀌는 것이다。이를테면、

이기다、이기어、이기니。

의 「이기」는 줄기이요、「一다」、「一어」、「一니」는 씨끝이니라。

二、움직씨가 그 말본스러운 관계를 나타내기 爲하여 그 씨끝이 여러 가지로 달라지는 일을 끝바꿈이라 한다。

三、(ㄱ) 오다、벋디다、속새기다、지켜보다。
(ㄴ) 떠나다、온다、瞻望하다、愼慕하다。
(ㄷ) 섬기다、위로하다、기르다、가르치다。

셋재 조각 움직씨의 꼴

一、	으뜸꼴……	얻다	좇다	잦다	묶다	읊다	좋다
마침법	베픔꼴……	얻는다	좇는다	잦는다	묶는다	읊는다	좋는다
	물음꼴……	얻느냐	좇느냐	잦느냐	묶느냐	읊느냐	좋느냐
	시킴꼴……	얻어라	좇아라	잦어라	묶어라	읊어라	좋아라
	꾀임꼴……	얻자	좇자	잦자	묶자	읊자	좋자
감목법	어찌꼴……	얻어	좇아	잦어	묶어	읊어	좋아
	어떤꼴……	얻은	좇은	잦은	묶은	읊은	좋은
	이름꼴……	얻음	좇음	잦음	묶음	읊음	좋음
이	매는꼴……	얻으니	좇으니	잦으니	묶으니	읊으니	좋으니
	안매는꼴…	얻어도	좇아도	잦어도	묶어도	읊어도	좋아도
	벌림꼴……	얻으며	좇으며	잦으며	묶으며	읊으며	좋으며
	풀이꼴……	얻는데	좇는데	잦는데	묶는데	읊는데	좋는데
	견줌꼴……	얻거든	좇거든	잦거든	묶거든	읊거든	좋거든

이음법	가림꼴……	얻거나	좇거나	젖거나	묶거나	읊거나	좋거나
	잇달음꼴……	얻자	좇자	젖자	묶자	읊자	좋자
	그침꼴……	얻다가	좇다가	젖다가	묶다가	읊다가	좋다가
	더보탬꼴……	얻을뿐더러	좇을뿐더러	젖을뿐더러	묶을뿐더러	읊을뿐더러	좋을뿐더러
	더해감꼴……	얻을수록	좇을수록	젖을수록	묶을수록	읊을수록	좋을수록
	하람꼴……	얻으려	좇으려	젖으려	묶으려	읊으려	좋으려
	목적꼴……	얻으러	좇으러	젖으러	묶으러	읊으러	좋으러
	미침꼴……	얻도록	좇도록	젖도록	묶도록	읊도록	좋도록
	뒤무름꼴…	얻으락	좇으락	젖으락	묶으락	읊으락	좋으락

二、(ㄱ) 좋아서—「좋다」의 이음법의 밝힘꼴。 차야—「차다」의 이음법의 풀림꼴。 가지고—「가지다」의 이음법의 밝힘꼴。 가는—「가다」의 잡목법의 어떤꼴。

(ㄴ) 떠나고—「떠나다」의 이음법의 벌림꼴。 왔을—「오다」의 잡목법의 어떤꼴。 나누어—「나누다」의 이음법의 밝힘꼴。 생긴—「생기다」의 잡목법의 어떤꼴。 구경하며—「구경하다」의 이음법의 목적꼴。 갔소—「가다」의 마침법의 베풂꼴。

(ㄷ) 活動하며고—「活動하다」의 이음법의 하람꼴。 나왔다—「나오다」의 마침법의 베풂꼴。 活動할—「活動하다」의 잡목법의 어떤꼴。 계신는—「계시다」의 잡목법의 어떤꼴。

(ㄹ) 지자—「지다」의 잡목법의 어찌꼴。 하였으나—「아니하다」의 이음법의 매는꼴。 와서—「오다」의 이음법의 밝힘꼴。 놀며—「놀다」의 이음법의 그침꼴。 가자—「가다」의 마침법의 꾀임꼴。

(ㅁ) 보기—「보다」의 잡목법의 이름꼴。 좋아함—「좋아하다」의 잡목법의 이름꼴。

(ㅂ) 오는데—「오다」의 이음법의 풀이꼴。 가지오—「가다」의 마침법의 물음꼴。

(ㅅ) 가면서—「가다」의 이음법의 벌림꼴。 보는—「보다」의 잡목법의 어떤꼴。 害할뿐더러—「害하다」의 이음법의 더보탬꼴。

(ㅇ) 하자—「하다」의 이음법의 잇달음꼴。 왔소—「오다」의 마침법의 베풂꼴。 세도록—「세다」의 이음법의 미침꼴。 놀았소—「놀다」의 마침법의 베풂꼴。 사귐—「사귀다」의 잡목법의 이름꼴。

(ㅈ) 않게—「않다」의 잡목법의 어찌꼴。 했더는—「하다」의 이음법의 매는꼴。 되었을—「되다」의 잡목법의 어떤꼴。 변했네—「변하다」의 마침법의 마침꼴。

(ㅊ) 먹어야—「먹다」의 이음법의 매는꼴。 하며—「하다」의 이음법의 벌림꼴。 얻어야—「얻다」의 이음법의 매는꼴。 하지—「하다」의 잡목법의 어찌꼴。 않소—「아니하다」의 마침법의 물음꼴。 어렵기—「어렵다」의 잡목법의 이름꼴。 爲하여—「爲하다」의 잡목법의 어찌꼴。 일함—「일하다」의 잡목법의 이름꼴。

(ㅋ) 않거든—「않다」의 이음법의 조건꼴。

(ㅌ) 읽을수록—「읽다」의 이음법의 더해감꼴。 나니—「나다」의 이음법의 매는꼴。 새우려하도—「새우다」의 이음법의 안매는꼴。 읽겠네—「읽다」의 마침법의 베풂꼴。

(ㅍ) 오거나—「오다」, 볼거나—「볼다」의 이음법의 가림꼴。 散步하러—「散步하다」의 이음법의 목적꼴。 나갔읍니다—「나가다」의 마침법의 베풂꼴。

(ㅎ) 좋아도——「좋다」의 이음법의 일곱째. 싫거든——「싫다」의 마침법의 넷째.
(ㅗ) 짖은——「짖다」의 감목법의 셋째. 식히면서——「식히다」의 이음법의 둘째.
잤다——「잦다」의 이음법의 그째. 마르니——「마르다」의 마침법의 넷째. 없는——
「없다」의 마침법의 감목법의 셋째. 느껴——「느끼다」의 감목법의 여섯째. 하느냐
——「하다」의 마침법의 넷째.

[illegible]

이 힘

一. (ㄱ) 묻어——「묻다」 ㄷ벋, 여섯째. 보자——「보다」 받은, 열한째. 앉아라——「앉다」 ㄹ벋, 넷째. 지내었소——「지내다」받은, 둘째. 묻는——「묻다」 ㄷ벋, 셋째. 흐르리라——「이르다」 르벋, 시킨째.
(ㄴ) 側平하였을——「側平하다」 여벋, 세째. 지며——「지다」 받은, 열째. 버리는——「버리다」 받은, 세째. 두고——「두다」 받은, 열째. 이루지——「이루다」 받은, 여섯째. 못하니——「못하다」 여벋, 세째. 흩기——「흩다」 받은, 이름째. 하노라——「하다」 여벋, 열째.
(ㄷ) 누우면——「눕다」 ㅂ벋, 세째. 앉으면——「앉다」 받은, 세째. 눈감으면——「눈감다」 받은, 세째. 쉬어——「쉬다」 받은, 여섯째. 가는——「가다」 거라벋, 여섯째. 걷고——「걷다」 ㄷ벋, 열째.

(ㄹ) 켜어——「켜다」 받은, 여섯째. 확보하다——「확보하다」 받은, 열째. 두고——「두다」 받은, 열째. 뿌려어도——「뿌리다」 받은, 일곱째. 그쳐——「그치다」 받은, 여섯째. 모르노라——「모르다」 르벋, 열째. 묵은——「묵다」 받은, 여섯째. 이러——「이다」 받은, 세째. 오오신——「오다」 너라벋, 여섯째. 오시라——「오다」 너라벋, 시킨째.
(ㅁ) 이르기——「이르다」 러벋, 이름째.
(ㅂ) 잡아——「잡다」 받은, 열째. 구워——「굽다」 ㅂ벋, 여섯째. 막고——「막다」 받은, 열째. 끼고——「끼다」 받은, 열째. 건너——「건너다」 이벋, 여섯째. 뛰니——「뛰다」 받은, 세째. 찾아서——「찾다」 받은, 열째. 씩씩하였다——「씩씩하다」 여벋, 세째.
(ㅅ) 앉아——「앉다」 받은, 열째. 지어——「짓다」 ㅅ벋, 여섯째. 가는——「가다」 거라벋, 여섯째. 들노라——「듣다」 ㄷ벋, 세째.
(ㅇ) 치르지——「치르다」 르벋, 여섯째. 아니한——「아니하다」 여벋, 여섯째. 해——「하다」 여벋, 여섯째(하여→해). 놓았어——「놓다」 받은, 열째.
二. 五七 쪽에 있음.
三. 누르다, 가르다, 나르다, 자르다, 바르다, 흐르다, 무르다, 기르다, 구르다, 누르다.

[illegible]

이 힘

(ㄱ) 물었다。 되시었지요、 끼허졌겠니、 하였으나、 앉았다。
(ㄴ) 나가겠읍니다。
(ㄷ) 잡으옵니다、 잡으옵니다、 잡겠읍니까。
(ㄹ) 잡히었다、 잡히겠다、 잡힌니다。
(ㅁ) 먹이시었다。
(ㅅ) 보이기、 보히지、 아니하며。
(ㅇ) 하겠다。
(ㅈ) 했겠다→하였겠다。

여섯재 조각 도움움직씨 「15」

익힘

1、 도움움직씨는 으뜸되는 풀이씨의 아래에 붙어서 그 뜻을 도와 完全한 풀이말이 되게 하는 한 갈래의 움직씨를 이르나니、
무엇이든지 힘껏 하여 보시오。
배워서 때로 익히면 또한 기쁘지 아니하냐?
벗구야、 활활 날지 말라。
의 보시오는 하여를、 아니하냐는 기쁘지를、 말라는 날지를 도와 그 뜻을 온전하게 하였음과 같은 것들이다。

2、 지다——날이 점점 밝아 진다。 어찌꼴에 붙음。
하다——한 사람이 둘씩 되게 한다。 어찌꼴에 붙음。
하다——사람은 지조가 굳어야 한다。 매는꼴에 붙음。
하다——꽃 붉기는 한다。 이름꼴에 붙음。
척하다——그이가 모른 척한다。 어떤꼴에 붙음。
아니하다——범이 날래더도 겁내지 아니한다。 어찌꼴에 붙음。
보다——보아 보니 못 쓰겠네。 어찌꼴에 붙음。
말다——그런 소리 듣지 말게。 어찌꼴에 붙음。
못하다——暴惡이 正義를 이기지 못한다。 어찌꼴에 붙음。

일곱재 조각 제움직씨와 남움직씨 「16」

익힘

1、(ㄱ) 건너…남움。 서서…제움。 죽어…남움。 드니…제움。 신은…남움。 凋落한…제움。 피오신…남움。 하며라…제움。
(ㄴ) 들리니…남움。 들아…제움。 간다…제움。
(ㄷ) 드니…제움。 활…남움。 옮기며…남움。 갈리…남움。 비어…남움。 오너라…제움。 걸으리라…남움。
2、 웃다——아기가 웃다。 (제)

아이야 늙은이를 웃지 말다。(남)
놀다——나는 날마다 논다。(제)·
아이들이 자마춤딱지를 노오。(남)
떨다——아이가 추워서 떤다。(제)
저 놈어 자지를 떤다。(남)
보다——귀는 듣고 눈은 본다。(제)
강갓에 서서 달을 본다。(남)
날다——새가 난다。(제)
하로 천 리를 난다。(남)

여덟째 조각 움직씨의 시킴법

익 힘

一、우리가 어떠한 움직씨를 쓸(使用할) 적에、남에게 그 움지김을 시키는 뜻을 나타내는 법을 움직씨의 시킴법이라 한다。
二、本文에 있는 대로。
三、쓰다——아무에게나 쓰이시오。
도무지 쓰게 하지 아니하오。
開拓하다——山谷까지 開拓하게 한다。
농민을 심어 그 땅을 開拓시킨다 오。
잡다——전당을 잡히였다。
장사들은 법을 잡게 하시오。
숨다——죄인을 숨킨다。
사람들은 굴속에 숨게 한다。
사랑하다——祖國을 사랑하게 한다。

아홉째 조각 움직씨의 입음법

익 힘

一、우리가 어떠한 움직씨를 쓸 적에、남에게서 그 움지김을 입는 뜻을 나타내는 법을 움직씨의 입음법이라 한다。
二、本文에 있는 대로。
三、먹다——밥이 사람에 먹히다。
세 그릇은 먹어 진다。
접다——종이가 접히였다。
이렇게 하니 매우 잘 접어 진다。
벗다——옷을 벗기였다。
옷이 벗어 진다。

結締하니——네 사람이 結締되였다.

겨우 結締해 졌다.

생각하다——문제의 푸는 법이 생각해 지지 아니한다.

열째 조각 움직씨의 때매김

익힘

一、二、三、四의 대답은 本文대로.

五、

1 이제……………책을 보다. 떡을 주다.

2 지난적……………책을 보았다. 떡을 주었다.

3 올적……………책을 보겠다. 떡을 주겠다.

4 이제마침……………책을 보았다. 떡을 주었다.

5 지난적마침……………책을 보았었다. 떡을 주었었다.

6 올적마침……………책을 보았겠다. 떡을 주었겠다.

7 이제이음……………책을 보고 있다. 떡을 주고 있다.

8 지난적이음……………책을 보고 있었다. 떡을 주고 있었다.

9 올적이음……………책을 보고 있겠다. 떡을 주고 있겠다.

10 이제이음의 마침……책을 보고 있었다. 떡을 주고 있었다.

11 지난적이음의 마침……책을 보고 있었었다. 떡을 주고 있었었다.

12 올적이음의 마침……책을 보고 있었겠다. 떡을 주고 있었겠다.

여섯째 가름 어떻씨

둘째 조각 어떻씨의 끝

익힘

一、

		굳다	늦다	열다	높다
마침법	베풂꼴	굳다	늦다	열다	높다
	물음꼴	굳으냐	늦으냐	열으냐	높으냐
껌목법	어찌꼴	굳어	늦어	열어	높아
	어떤꼴	굳은	늦은	열은	높은
	이름꼴	굳음	늦음	열음	높음
이음	매는꼴	굳으니	늦으니	열으니	높으니
	안매는꼴	굳어도	늦어도	열어도	높아도
	벌림꼴	굳고	늦고	열고	높고
	풀이꼴	굳은데	늦은데	열은데	높은데
	전줌꼴	굳거든	늦거든	열거든	높거든
	가림꼴	굳거나	늦거나	열거나	높거나
	잇달음꼴	굳자	늦자	열자	높자

법	그침꼴……………	굳다가	늦다가	엷다가	높다가
	더보탬꼴…………	굳을뿐더러	늦을뿐더러	엷을뿐더러	높을뿐더러
	더해감꼴…………	굳을수록	늦을수록	엷을수록	높을수록
	미침꼴……………	굳도록	늦도록	엷도록	높도록
	뒤무림꼴…………	굳으랴	늦으랴	엷으랴	높으랴

二、(ㄱ) 느리다——「느리다」의 마침법 베풂꼴, 재빠르기——「재빠르다」의 감목법 이름꼴, 같은——「같다」의 감목법 어떤꼴, 핫으랴——「핫다」의 마침법 물음꼴, 어리석다——「어리석다」의 마침법 베풂꼴, 약빠르고——「약빠르다」의 이음법 벌림꼴, 핫기——「핫다」의 감목법 이름꼴, 핫냐——「핫다」의 마침법 물음꼴.

(ㄴ) 맑지마는——「맑다」의 이음법 안매는꼴, 젊되——「젊다」의 이음법 안매는꼴, 젊음——「젊다」의 감목법의 이름꼴, 귀한——「귀하다」의 감목법 어떤꼴, 딱딱하기——「딱딱하다」의 감목법 이름꼴, 그지없도다——「그지없다」의 마침법 베풂꼴.

(ㄷ) 붉게——「붉다」의 감목법 어찌꼴, 밝은——「밝다」의 감목법 어떤꼴, 좋은——「좋다」의 감목법 어떤꼴, 기쁘게——「기쁘다」의 감목법 어찌꼴, 아니한가——「아니하다」의 마침법 물음꼴。

(ㄹ) 파란——「파랗다」의 감목법 어떤꼴, 없거든——「없다」의 이음법 매는꼴, 늦도록——「늦다」의 이음법 미침꼴, 아플뿐더러——「아프다」의 이음법 더보탬꼴, 있으니까——「있다」의 이음법 매는꼴。

(ㅁ) 좋거나, 궂거나——「좋다」,「궂다」의 이음법 안매는꼴, 없소——「없다」의 마침법

베풂꼴, 굳을수록——「굳다」의 더해감꼴, 없거오——「없다」의 마침법 베풂꼴.

(ㅂ) 든든하면——「든든하다」의 이음법 매는꼴, 깨끗하며——「깨끗하다」의 이음법 벌림꼴, 좋아——「좋다」의 감목법 어찌꼴.

(ㅅ) 작을망정——「작다」의 이음법 안매는꼴, 작을소냐——「작다」의 마침법 물음꼴。

(ㅇ) 좋았던들——「좋다」의 이음법 매는꼴, 넓고——「넓다」의 이음법 벌림꼴, 아름다웠을——「아름답다」의 감목법 어떤꼴。

(ㅈ) 나쁘셨거든——「나쁘다」의 이음법 전음꼴。

(ㅊ) 흰——「희다」(희다)의 감목법 어떤꼴, 아름다우나——「아름답다」의 이음법 어긋남꼴, 아름답다——「아름답다」의 마침법 베풂꼴.

(ㅋ) 밝고——「밝다」의 이음법 벌림꼴, 높으니——「높다」의 이음법 풀이꼴, 없이——「없다」의 감목법 어찌꼴, 둥근——「둥글다」의 감목법 어떤꼴, 밝아——「밝다」의 감목법 어찌꼴, 있다——「있다」의, 마침법 베풂꼴。

(ㅌ) 흐리다가——「흐리다」의 이음법 그침꼴, 좋다——「좋다」의 마침법 베풂꼴。

(ㅍ) 흐리랴, 밝으랴——「흐리다」,「밝다」의, 이음법 뒤무림꼴, 있으랴——「있다」의 이음법 매는꼴。

넷째 익힘 벗어난 끝바꿈 움직씨

一、ㄷ 벗어난 움직씨, ㅅ 벗어난 움직씨,「으」벗어난 움직씨, ㅂ 벗어난 움직씨,「ㄹ」벗어난 움직씨,「러」벗어난 움직씨,「르」벗어난 움직씨, ㅎ 벗어난 움직씨, 따위

적을 거지。

二、(ㄱ) 첫째——첫냐、ㅁ 받、안 되는것。 어렵우니라——어렵다、ㅂ 받、빠졌음。

(ㄴ) 어떠한가——어떠하다、「ㅎ」 받、붙음음。 간교한——간교하다、「ㅎ」받、이름음。 영롱스러운——영롱스럽다、ㅂ 받、이름음。 적하가——적하다、「ㅎ」 받、이름음。 하지마는——하다、「ㅎ」 받、안 되는것、 무지한——무지하다、「ㅎ」 받、어떤음。 추하고——추하다、「ㅎ」 받、변했음。 능걸능걸한——능걸능걸하다、「ㅎ」 받、이름음。 같은——같다、바른 홀소리、이름음。 이런——이러하다、「ㅎ」 받、어떤음。 없고——없다、바른 홀소리 변했음。 번잡스럽고——번잡스럽다、ㅂ 받、변했음。 복잡스럽다——복잡스럽다、ㅂ 받、빠졌음。

(ㄷ) 누르니——누르다、「ㄹ」 받、떼는음。 부르고——부르다、「르」 받、변했음。 흘러——흘다、바른 홀소리、떼는음。 솔모도다——솔모다、「ㅇ」 받、빠졌음。

(ㄹ) 짧고——짧다、바른 홀소리、변했음。 길다——길다、ㄹ 받、빠졌음。

(ㅁ) 푸르고——푸르다、「ㄹ」 받、변했음。 먹어——먹다、ㄷ 받、붙이음。 나으니——낫다、ㅅ 받、빠졌음。 못하니——못하다、「ㅎ」 받、빠졌음。

네째 과 비음동화

익 힘

一、어떤 이름씨는 홀이씨의 아래에 붙어서 그 뜻을 도와서 完全한 풀이말이 되게 하는 일 있는데 이것을 도움풀이씨라 하나니、이를테면、「저 사람은 결코 아니하다」

「비가 올 듯하다」의 「아니하다」가 「결코」를 도와、또 「듯하다」가 「올」을 도와서 그 풀이말 뜻을 완전하게 함과 같으니라。

二、① 어찌꼴(—아、—지)에 붙는 것——있다、아니하다。

② 이름꼴(—음)에 붙는 것——직하다。

③ 어떤꼴에 붙는것——듯하다、만하다。

④ 물음꼴에 붙는 것——싶다、보다。

三、어머니가 보고 싶다。

그 사람이 좋하지 아니하다。

참 그것이 보암 직하다。

배를 타고 한강(漢)에 나갈가 보다。

그 일이 될 듯한가。

다섯째 과 어간의 변화

익 힘

1、두렵다——어、즐기다——음 크다——어、캐다——어、늘다——어、범하다——음、바르다——어、고르다——어、계시다——어。

11、놀다。백두산이 높다。——높았다、——높겠다。

마뜻하다。날씨가 따뜻하다。——따뜻하였다。——따뜻하겠다。

아름답다。 경치가 아름답다。 ——아름다웠다。 ——아름답겠다。
발갛다。 감이 발갛다。 ——발갛았다。 ——발갛겠다。

일곱째 가름 잡음씨

첫재 조각 잡음씨의 끝바꿈

이 틀

마침법	베풂끝	아니다.	아니네.	아니오。
	물음끝	아니냐	아닌가.	아니오。
겸목법	이런끝	아닐.	아닌。	
	이름끝	아님.	아니기。	
이음법	매는끝	아니면.	아니니.	아니라야。
	안매는끝	아니라도.	아니지마는.	아니로되。
	벌림끝	아니요.	아니며.	아니고。
	풀이끝	아니게。	아니니?	
	거즘끝	아니거든。		
	가림끝	아니거나.	아니든지。	
	잇달음끝	아니자。		
	그침끝	아니다가。		
	더보탬끝	아닐뿐더러。		
	더해감끝	아닐수록。		

二. (ㄱ) 아냐——「아니다」의 마침법 물음끝。 이오——「이다」의 이음법 벌림끝。 이로다——「이다」의 마침법 베풂끝。

(ㄴ) 아니오——「아니다」의 이음법 벌림끝。 아니냐——「아니다」의 마침법 물음끝。

(ㄷ) 이라——「이다」의 마침법 베풂끝. 이란——「이다」의 베풂끝 「이라」에 「하는 것은」의 줄인 「ㄴ」을 더한것. 이러라——「이다」의 마침법 베풂끝。

(ㄹ) 이오——「이다」의 이음법 벌림끝. 이니——「이다」의 이음법 풀이끝. 이라고——「이다」의 마침법 베풂끝 「이라」에 토씨 「고」를 더한것。

(ㅁ) 이며——「이다」의 이음법 벌림끝. 이냐——「이다」의 마침법 물음끝. 아니고——「아니」의 마침법 물음끝. 이냐——와과 같음。

(ㅂ) 이자——「이다」의 이음법 잇달음끝. 이다——「이다」의 마침법 베풂끝。

(ㅅ) 아님——「아니다」의 겸목법 이름끝. 아니로되——「아니다」의 이음법 안매는끝 아니라도——「아니다」의 이음법 안매는끝. 아니라——「이다」의 마침법 베풂끝。

(ㅇ) 라——「이다」의 마침법 베풂끝 「이라」의 줄임。

(ㅈ) 이거나(이든지)——「이다」의 이음법 가림끝. 이었더면——「이다」의 이음법 매는끝。

(ㅊ) 이거든——「이다」의 이음법 거즘끝. 이라——「이다」의 마침법 물음끝。

(ㅋ) 일—「이다」의 끝바꿈 어떤꼴, 이어—「이다」의 마침법 물음꼴, 이지—「이다」의 마침법 베풂꼴.
(ㅌ) 일수록—「이다」의 이음법 더해감꼴, 이지—「이다」의 베풂꼴.
(ㅍ) 일뿐더러—「이다」의 이음법 더해감꼴.

둘째 조각 잡음씨의 [illegible]

익힘

(ㄱ) 이게. 고래는 물고기가 아니다.
(ㄴ) 저녁에. 그 사람의 흠이 한두가지가 아니었다.
(ㄷ) 솔개. 솔개는 흉한 아니겠다.

다섯째 가름 어떤씨의 쓰임

익힘

(ㄱ) 그 분. 「반가운」은 어떤씨가 아니오, 어찌씨 「반갑다」의 어떤꼴이다.
(ㄴ) 헌 사람, 두 뫼.
(ㄷ) 科學的 發明, 世界的 貢獻.
(ㄹ) 이 일, 다른 사람.
(ㅁ) 새 해, 모든 일.

여섯째 가름 어찌씨의 쓰임

(ㄱ) 몹시 도 웁니다.
(ㄴ) 너무 비쌉니다.
(ㄷ) 썩 잘 합니다. (어찌씨 썩 은 잘은 어찌씨 잘을 꾸미고, 어찌씨 잘은 「합니다」를 꾸민다.
(ㄹ) 매우 일찍 일어났다.
(ㅁ) 달 도 밝고 구름 으로 덮이었어 훨씬 그 美 를 더한다.
(ㅂ) 그러므로, 가 그 아래의 말 온통을 꾸민다. 바로소는 正確히를, 正確히는 「判定한다」를 꾸민다.
(ㅅ) 결코 는 「안 된다」를 꾸민다.
(ㅇ) 꼭 같게.
(ㅈ) 우지끈뚝딱 부러지며, 아주 흠뻑 젖혀.

열째 가름 느낌씨

익힘

(ㄱ) 참. (ㄴ) 아아. (ㄷ) 아하. (ㄹ) 옳지, 저런.
(ㅁ) 예, 아니. (ㅂ) 허허. (ㅅ) 자, 하여. (ㅇ) 어즈버.

(ㅈ) 버보。　　　　(ㅊ) 아珠와。

열한재 가름 토 씨

ㅡ、토씨의 갈래는 넷이니、자리토씨、도음토씨、이음토씨、느낌토씨이다。

ㅡㅡ、(ㄱ) 은——도음토씨、다름、견주변。가——자리토씨、임자。

(ㄴ) 의——자리토씨、가짐。도——도음토씨、한가지。

(ㄷ) 에게——자리토씨、움직임자리。만——도음토씨、한정(限定)。

(ㄹ) 과——이음토씨。는——도음토씨、다름、견주변。와——자리토씨、가짐。

(ㅁ) 이나、나——도음토씨、가림。에는——자리토 『에』와 도음토씨 『는』의 어우름이니、에——움직임의 자리。는——다름。으로——자리토씨、감주림、가——。을——자리토씨、부림。

(ㅂ) 은——。에——。에게——。을——。에——。의——。를——。

(ㅅ) 부터——도음토씨、비롯음。까지——도음토씨、미침。에——。이나——도음토씨、버림。

(ㅇ) 가——。도——느낌토씨。그려——느낌토씨。

(ㅈ) 와——이음토씨。은——。을——자리토씨、부림。는——。

(ㅊ) 커녕——도음토씨、「말할 것도 없이」。도——。이나마——도음토씨、멀침。

열둘재 가름 씨의 자힘

이 힘

(ㄱ) 드문드문——벌린거듬씨。좀——머리가지、그 소가 수없을 나타냄。

(ㄴ) 이것、저것——가진거듬씨。

(ㄷ) 東西——벌린거듬씨、불분하고——「불」은 否定하는 머리가지、「하고」는 발가지이니、이름씨、「분분」을 움직씨만드는 것。이러저리——벌린거듬씨、어린것들——「어린것」은 가진거듬씨、「들」은 여러셈을 나타내는 발가지。불상하지요——「하지요」가 움직씨 만드는 발가지。

(ㄹ) 여보——가진거듬씨、金公——「公」은 높힘의 발가지。兄님——「님」도 한가지로 높힘의 발가지。

(ㅁ) 올벼——「올」이 「일직」의 뜻을 보이는 머리가지、찰되다——가진거듬씨。

(ㅂ) 들어갔연——들어가다——가진거듬씨、봄철——가진거듬씨、뒷동산——가진거듬씨、「ㅅ」은 허리가지。나붙게다——가진거듬씨、게껍아이——가진거듬씨。

(ㅅ) 木槍、羊毛、五穀、食物、살지게、소나무、이깔나무——가진거듬씨。衣服、身體、家屋、建築——누은거듬씨。寒暑——벌린거듬씨。

(ㅇ) 오세——가진거듬씨。歲月、밤낮、食口、糊口——누은거듬씨。

(ㅈ) 마소——벌린거듬씨、공밭、들어가다——가진거듬씨。 캐——머리가지、「여러번 하고」의 뜻을 보임。

(ㅊ) 나붙이——벌린거듬씨、「이」는 어찌씨만드는 발가지、學校——가진거듬씨。 벌번치

——가진가름씨。

【줄임】 풀이씨의 도움줄기와 씨끝도 다 발가지이로되 여기서는 그것은 들어 풀이하지 아니하였다。

뎀 셋재 가름 씨의 몸바꿈

이 름

(ㄱ) 사람답게, 幸福스럽게——이름씨 「사람」「幸福」에 「답다」「스럽다」가 붙어서 어떻씨로 된 것。

(ㄴ) 웃음——움직씨 「웃다」의 이름꼴이 아주 이름씨로 익은 것。

(ㄷ) 나머지——움직씨 「남다」의 줄기 「남」에 「어지」가 붙어서 된 이름씨。 길이——「길다」의 줄기 「길」에 「이」가 붙어서 된 이름씨。

(ㄹ) 신지——이름씨 「신」이 그대로 되어서 움직씨로 된 「신다」의 제꼴이 꼴。 않고——어찌씨 「아니」와 움직씨 「하다」가 서 된 움직씨 「아니하다」의 이음법 벋힘꼴。

(ㅁ) 보두, 너무——움직씨 「묻다」「넘다」의 줄기 「묻」「넘」에 「우」가 붙어서 된 어찌씨。 숨주며——움직씨 「주다」의 이름꼴로 된 이름씨 「숨」에 다시 움직씨 「주다」를 더하여 된 움직씨。 노래하다가——이름씨 「노래」에 움직씨 「하다」를 더하여서 된 움직씨 「노래하다」의 이음법 그침꼴。 맞추고——어떻씨 「맞다」에 도움줄기 「추」를

더하여 된 움직씨。

(ㅂ) 밝히고——어떻씨 「밝다」에 도움줄기 「히」를 더하여 된 움직씨 「밝히다」의 이음법 벋힘꼴。 고루다——어떻씨 「고르다」의 줄기의 끝소리 「ㅣ」가 「ㅜ」로 바꾸히어서 된 움직씨。

(ㅅ) 여보——「여기 보오」가 줄어져서 한낱의 느낌씨로 된 것。 빈정거리기——이름씨 「빈정」에 「거리다」를 더하여서 된 움직씨 「빈정거리다」의 이름꼴。 이미——이름씨에서 어찌씨로 쓰힌 것。

(ㅇ) 저기——이름씨가 그대로 어찌씨로 된 것。 울통불통하다——어찌씨 「울통불통」에 「하다」가 붙어서 어떻씨로 된 것。

(ㅈ) 無情히서——이름씨 「無情」에 「하다」가 붙어서 된 어떻씨 「無情하다」의 어찌꼴이 이름씨 같이 쓰힌 것。 自然——이름씨에서 어찌씨로 몸바꿈한 것。

(ㅊ) 적이——어떻씨 「적다」의 줄기 「적」에 「이」가 붙어서 된 어찌씨。 나날이——겹씨 「나날」에 「이」가 붙어서 된 어찌씨。

(ㅋ) 희롱은——이름씨 「희」에 「롱다」가 붙어서 된 어떻씨 「희롱다」의 어떤꼴。 반드시——어떻씨 「반듯하다」의 줄기에 「이」가 붙어서 몸바꿈한 어찌씨。

(ㅌ) 좋차——움직씨 「좇다」의 어찌꼴 「좇아」가 아주 어찌씨로 익어 버린 것。 정말——이름씨가 그대로 어찌씨로 몸바꿈한 것。 원통하다——이름씨 「원통」에 발가지 「하다」를 더하여 된 어떻씨。

열 네째 가름 씨의 뜻 바꿈

익 힘

(一)(ㄱ) 뿔그레하게。

(ㄴ) 쩔둑쩔둑、딸랑딸랑、

(ㄷ) 뻘덕、삐죽삐죽한다。

(ㄹ) 떼뚤떼뚤하다、삐뚝거리다。

(ㅁ) 뾰얗다、뿌옇다。

(ㅂ) 썰썰。

(ㅅ) 쑤군거린다。

(ㅇ) 까맣다、까맣다。

(二)(ㄱ) 살랑살랑。

(ㄴ) 배죽거리다、삐죽거리다。

(ㄷ) 산들산들、잔들잔들。

(ㄹ) 깔깔、하하、방글방글。

(ㅁ) 깜박거리다、끔작거리다。

(ㅂ) 빨닥빨닥。

(ㅅ) 조、고、조렇게。

(ㅇ) 쿵당쿵당。

(ㅈ) 뿔그레하다。

익 힘

(ㄱ) 충충대 임 상하 임 에는 토 손잡이 임 돌 임 이 토 우뚝우뚝 엇 서고 움 쇠 사실 임 입지 잡 온사실 임 인지 잡 둘러편 움 혼저 임 이 토 아직 엇 도 토 남아 움 있다 어

(ㄴ) 혀혀 느 이것 때 저것 때 울 토 다 엇 주어모으면 움 한번 三十쳄 온 토 뎔

가 움

(ㄷ) 이 언 세상 임 의 토 만물 임 에는 토 다소 임 의 토 떡 임 이 훈 있다 어 쥐 임 같은 어 놈 임 까지도 토 밤새도록 움 반자 임 우 임 에서 토 바스럭거리어서 움 『바뻐다!』에 하는 움 교훈 임 을 토 주는 움 떡 임 이 토 있다 엇

(ㄹ) 구름 임 은 토 變合 임 集散 임 이 토 無常하여 어 일어남 움 적 임 에모 토 그 언 온 움 바 임 들 토 또르고 움 흩어질 움 적 임 에도 토 그 언 가는 움 바 엷 들 토 모른다 움

(ㅁ) 들 임 마다 토 늦은 어 가을 임 찬 언 바람 임 이 토 일어나네 움 벼 임 이 삭 임 수수 임 이삭 임 으슬으슬 숙사기고 움 발머리 임 해 임 그림자 도 토 바 쁜 어 듯이 어 가누나 움

(ㅂ) 일 엇 심어 움 느줏 엇 피니 움 君子 임 의 토 德 임 아니냐 잡 風霜 임 에 토 아니 엇 지니 움 烈士 임 의 토 節 임 이로다 잡 어즈버 놋 陶淵明 임 없으니 어 알 움 이 임 적어 어 하노라 움

세째 매 월 갈

첫째 가름 월 조각

익 힘

一、(ㄱ) 계집아이 가 임자말 나물 을 부림말 캔다 풀이말
(ㄴ) 金剛山 의 어떤말 奇觀 은 임자말 實로 어찌말 筆舌 로 어찌말 다하기 어렵다 풀이말
(ㄷ) 그 어떤말 사람 이 임자말 力士 이음말 이다 풀이말
(ㄹ) 너른 어떤말 들 에는 어찌말 아름다운 어떤말 꽃 이 임자말 많이 어찌말 피었다 풀이말
(ㅁ) 어린 어떤말 아이들 은 임자말 學校 에 어찌말 갔어요 풀이말
(ㅂ) 비 가 임자말 곧 어찌말 올 듯하다 풀이말
(ㅅ) 燕雀 이 임자말 어찌 어찌말 鴻鵠의 어떤말 뜻 을 부림말 알랴? 풀이말
(ㅇ) 죽음 이 임자말 털 보다 어찌말 가볍다 풀이말
(ㅈ) 논두렁 에는 어찌말 금국화 가 임자말 매우 어찌말 아름답게 어찌말 피어 있다 풀이말
(ㅊ) 白鷗 야 홀로말 펄펄 어찌말 나지 마라 풀이말
(ㅋ) 아침 아홉 時 부터 어찌말 午後 네 時 까지 어찌말 熱心 으로 어찌말 공부하였다 풀이말
(ㅌ) 한 어떤말 길 가는 어떤말 老人 이 임자말 어떤 어떤말 아이 에게 어찌말 길을 부림말 물었다 풀이말
(ㅍ) 아이 야 홀로말 武陵 이 임자말 어데매 뇨, 풀이말 나 는 임자말 예 ㄴ가 어찌말 하노라 풀이말

二、(ㄱ) 사람들이 나라를 세운다。
아이가 한글을 배운다。
농부가 노래를 부른다。
(ㄴ) 이것이 옥돌이다。
사람이 목석이 아니다。
우리 동포가 삼천만이니라。
(ㄷ) 아, 달이 밝구나。
世宗大王, 그는 조선겨레의 영원의 은인이시니라。
할머니, 어서 오셔요。
(ㄹ) 학도들이 활발하게 학교로 간다。
사람은, 그 지위가 높을수록, 더욱 몸을 낮춰야 하느니라。
(ㅁ) 저 아이가 고운 꽃을 많이 꺾어 가오。
작은 개가 큰 쥐를 단박에 잡았오。
(ㅂ) 그가 착한 사람이 아니냐?

둘째 가름 월조각의 벌림과 줄임

익 힘

一、(ㄱ) 나 도 그 이야기 는 들었네。

(ㄴ) 나 는 자네 를 문앞 에서 기다림세。
(ㄷ) 말 이야 착하다。
(ㄹ) 누 가 그런 소리 를 합데가。
(ㅁ) 우리 아우 가 그 學校 에 날 마다 잡니다。
(ㅂ) 뉘 가 까마귀 의 암 과 수 를 알랴。
(ㅅ) 그 가 정말 先生 인가。
(ㅇ) 두어라、사람 (이) 山家 富貴 를 알가 하노라。
(ㅈ) 이 궤 속 에서 나오는 것 을 자세히 보아요。
(ㅊ) 오늘 運動會 는 정말 로 爽快하다。

二(ㄱ) 사람 이 입 만 짓거리고 손 을 꿈적거릴 줄 을 모르면 아무 쓸데 가 없나니라。
(ㄴ) 당신 이 벌써 가셔요? 당신 이 또 오십시오。
(ㄷ) 모든 사람 들이 汽車 를 조심하시오。
(ㄹ) 너 도 學校 에 가나?
예, 저도 學校 에 잡니다。
(ㅁ) 「이걸 누 가 여기 에 가져 왔나?」
「제 가 여기 에 가져 왔읍니다」
「언제 가져 왔나?」
「어제 제 가 이것 을 여기 가져 왔읍니다。」

(ㅂ) 내 기 이 마음 버혀 내어 저 달을 만들과저。
그 달이 九萬 里 長天 에 번듯이 걸려 있어、
고운 임 계신 곳 에나 비쳐 볼가 하노라。

세째 가름 마 디

익 힘

(ㄱ) 꽃 이 떨어지는 어면마다 것 이 나비 가 나는 어면마다 것 같다。
(ㄴ) 누 가 몸 이 튼튼하기 임자마다 를 바라지 아니하리오。
(ㄷ) 해 가 낮 이 기울었다 풀이마다
(ㄹ) 山 은 높고、맞선마다 물 은 깊다。맞선마다
(ㅁ) 仁者 는 命 이 길다。풀이마다
(ㅂ) 범 은 가죽 을 쓰고、맞선마다 사람 은 마음 을 쓴다。맞선마다
(ㅅ) 사람 이 만약 一生 에 한 가지 일 만을 專心專力 으로 할것같으면、어찌마다 반드시 이룸 이 있으리라。풀이마다
(ㅇ) 우리 學校 는 景致 가 아름답다。풀이마다
(ㅈ) 그 집 은 기동 이 쓰러져서 어찌마다 못 쓰겠더라。
(ㅊ) 기러기 는 꽃 이 피는 어면마다 봄철 을 버리고 간다。
(ㅋ) 人心 이 다 그 에게로 돌아감 임자마다 을 어찌하리오。

네재 가름 월의 갈래

의 힘

(ㄱ) 君子 는 남들 이 제 를 알아주지 아니함을 걱정하지 아니한다。

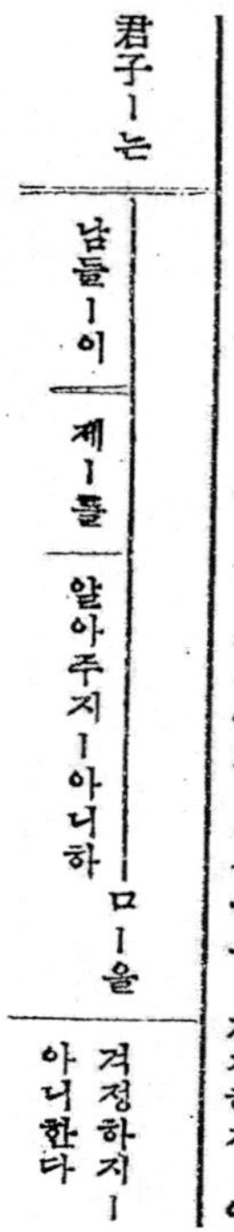

(ㄴ) 큰쇠 하고 작은쇠 하고 가 兄弟間 이올시다。

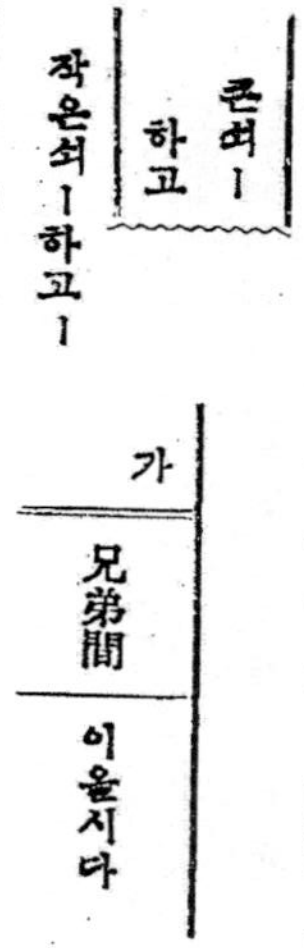

(ㄷ) 山 은 水晶 같이 때어나고, 물은 거울 같이 맑다。

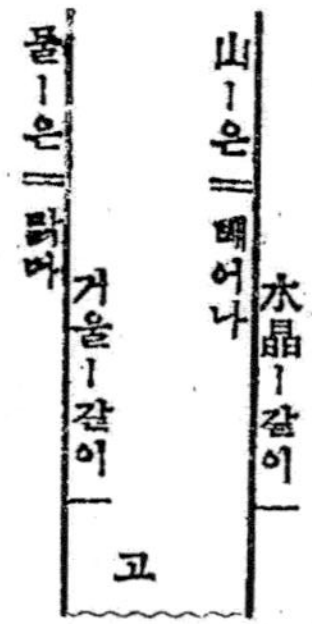

(ㄹ) 仁者 는 命 이 길다。

(ㅁ) 제비 는 꽃 이 피는 봄 을 찾아 오고, 기려기 는 잎 이 떨어지는 가을 을 그려 온다。

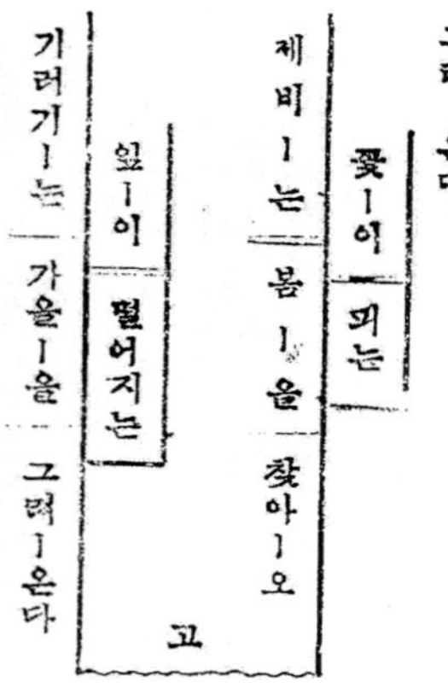

(ㅂ) 정월 한보름 달 이 맑은 빛 을 너른 天地 에 채웠다。

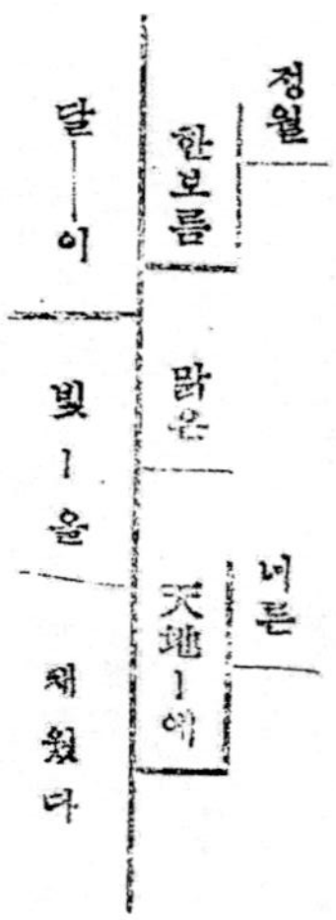

(ㅅ) 實心 이 아니면 일 을 이루지 못하며, 虛心 이 아니면 일 을 알지 못하느니라。

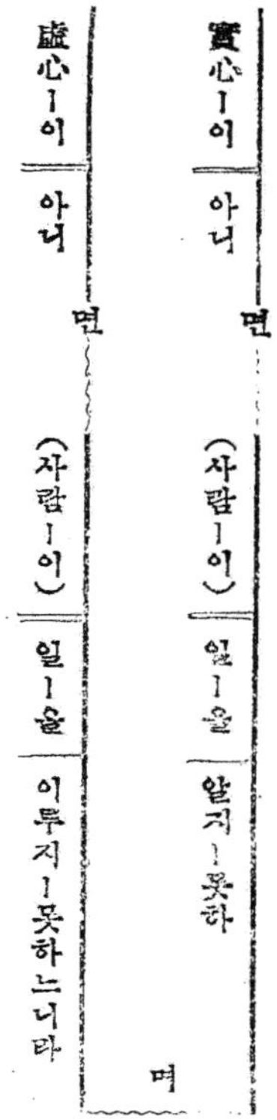

(ㅇ) 面前 의 譽 가 있기 는 쉽고, 背後 의 毁 가 없기 는 어려우며, 乍交 의 歡 이 있기 는 쉽고, 久處 의 厭 이 없기 는 어려우니라。

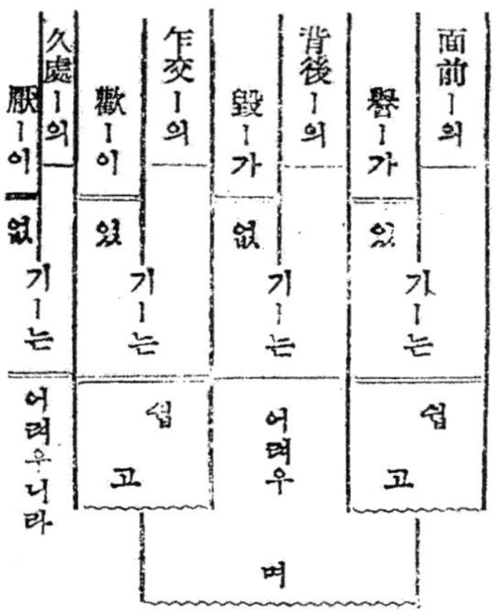

(ㅈ) 열 길 물속 은 알아도, 한 길 사람속 은 모른다。

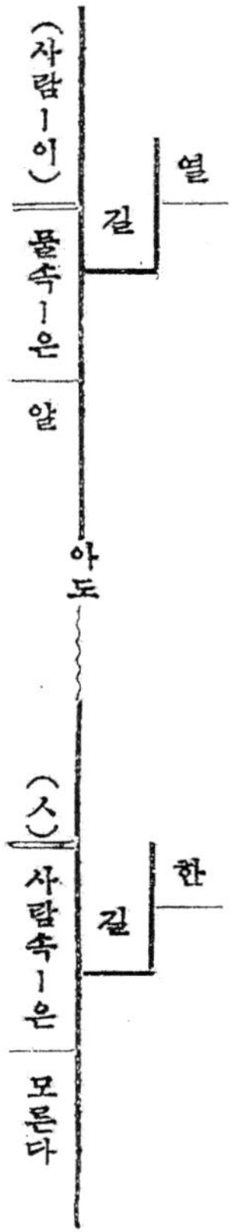

(ㅊ) 산 은 높고 물 은 맑은 조선 의 땅 은 온 世界 가운데 서도 가장 아름다운 곳 이로다。

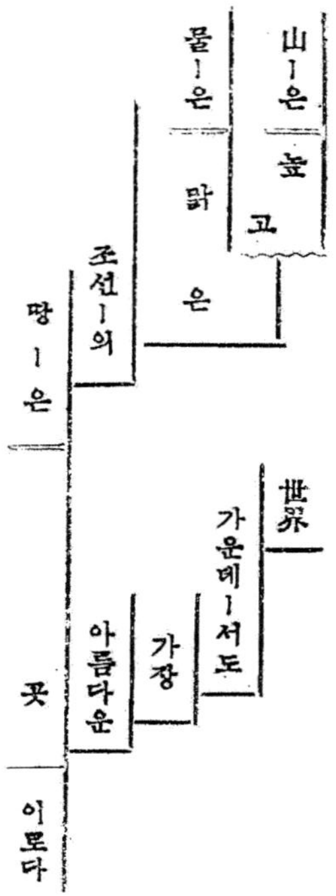

(끝)

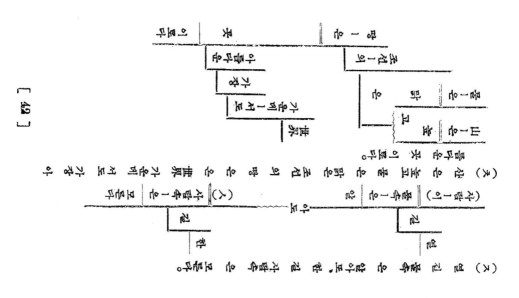

중등조선말본
교수참고서
1946年版

값 五圓

印刷所 大東印刷所
印刷人 李相五

發行所 正音社
代表 崔暎海
振替京城二六六六〇番